ALMASED®

SMOOTHIES

FIT UND SCHLANK
MIT POWERDRINKS

Autorinnen: Anna Rosenberg, Nina Schuhmacher | Fotos: Wolfgang Schardt

INHALT

TIPPS UND EXTRAS

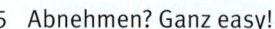

32 DIE FRUCHTIGEN

ABNEHMEN? GANZ EASY!

Sich gesünder ernähren und besser leben – ab heute haben Sie es in der Hand: mit den leckeren Smoothies von Almased® und einem aktiven, bewegten Alltag verabschieden Sie sich schnell von überflüssigen Kilos und erreichen Ihre Traumfigur.

AUF EINEN BLICK: ABNEHM-WISSEN

Bei einer Diät mit dem Almased®-Beschleunigungseffekt schmelzen Sie Ihre Fettpolster ein.
Ihre fettverbrennende Muskelmasse bleibt erhalten, und Ihr Stoffwechsel läuft rund.

Wussten Sie, dass in einem Kilogramm Fettgewebe 7000 Kilokalorien stecken? Wenn Sie ab sofort mithilfe der Almased®-Smoothies pro Tag 500 Kilokalorien weniger Energie zu sich nehmen, als Sie benötigen, dann sparen Sie satte 3500 Kilokalorien pro Woche ein. Das macht in zwei Wochen 7000 und damit den Verlust von einem Kilogramm Fett. Da Sie überschüssige Wassereinlagerungen ebenfalls loswerden, sind Sie eventuell sogar noch leichter. Wenn Sie sich dann noch jeden Tag viel bewegen (z.B. Schritte »sammeln« beim Zufußgehen, Nordic Walking, Schwimmen, Joggen), beschleunigen Sie die Fettverbrennung, und das Fett aus ihren Depots im Körper wird schneller freigesetzt. Sie gewinnen außerdem eine schön straffe Körpersilhouette und tun nebenbei noch etwas für den Stressabbau und gute Laune. So nehmen Sie langsam, aber sicher und beständig ab.

DER PERFEKTE SCHLANKMACH-MIX

Zudem brauchen Ihre Muskeln durch Ihr Bewegungsprogramm mehr Energie als im Stillstand. So gelingt es noch leichter, eine negative Energiebilanz zu erreichen. Auf diese Weise bauen Sie gleichzeitig effektiv Muskeln auf und beschleunigen damit noch den Fettabbau. Die große Almased®-Studie an der Universität Freiburg hat dazu Folgendes anschaulich belegt: Bei einer Diät mit Almased® verliert der Körper im Gegensatz zu anderen Reduktionsdiäten ausschließlich Fett und erhält zu 100 Prozent die fettverbrennende Muskelmasse. Und es kommt noch besser: Sogar Studienteilnehmer, die sich nur moderat körperlich betätigten, konnten Muskeln aufbauen. Der Stoffwechsel bleibt also stabil und schaltet nicht auf »Sparflamme«. Das funktioniert, weil man bei der Almased®-Diät mit einer besonders hochwertigen Nährstoffkombination versorgt ist. Die ist einerseits kalorienreduziert und – noch wichtiger – sendet andererseits die richtigen Signale an den Stoffwechsel, damit dieser reibungslos funktioniert und Fett verbrennen kann.

ENDLICH EINE DIÄT, DIE WIRKLICH SCHMECKT

Bei der Almased®-Vitalkost handelt es sich um ein sorgfältig komponiertes Lebensmittel aus hochwertigem Soja, probiotischem Joghurt und enzymreichem Honig. Es ist frei von Zusatz- und Geschmacksstoffen und Grundlage für die Shakes in diesem Buch. Mit den Rezepten ab Seite 35 können Sie genussvolle Abwechslung in Ihren Diätplan bringen und aus jedem Shake ein echtes Superfood zaubern, das nicht nur beim Abnehmen hilft, sondern zahlreiche positive Nebenwirkungen entfaltet von Detox-Effekten bis hin zu mehr Energie und Lebenslust. Frische Früchte und Gemüse sind die besten Zutaten für die köstlichen Shakes und bringen ganz nebenbei auch eine Fülle gesundheitlich äußerst wertvoller sekundärer Pflanzenstoffe mit. Nach jeder Trinkmahlzeit sind Sie gut und lange satt. So schaffen Sie es locker, am Ball zu bleiben, bis Sie Ihr Wunschgewicht erreicht haben.

WAS DRINSTECKT: NATUR PUR

Auf die Qualität der Rohstoffe wird bei Almased® besonders großer Wert gelegt. So stammt das Sojaprotein aus traditionellem Anbau (GMO-frei = nicht gentechnisch modifiziert). Der speziell für Almased® hergestellte Joghurt als zweiter Eiweißlieferant verstärkt die Wirkung des Soja, macht ebenfalls gut satt und liefert dem Körper wertvolle kalorienarme Baustoffe. Zudem schleust er aktive Milchsäurebakterien ein, welche den Darm schützen und Stoffwechselprozesse anregen. Für den angenehm-milden Geschmack sorgt der Honig. Seine Enzyme setzen Fermentationsprozesse in Gang, die ebenfalls die Verdauung fördern und zudem eine hohe Bioverfügbarkeit der Nährstoffe sichern. Durch die Verschmelzung der einzelnen Nährstoffkomponenten in der Almased®-Vitalkost kommt es zu einem Synergieeffekt: Die Bestandteile des einen verstärken den Nutzen der anderen Rohstoffe. Dies wirkt sich besonders auf die Anzahl bioaktiver Eiweißkörper (Peptide) in diesem Lebensmittel aus. Diese stecken in dem Joghurt und dem qualitativ hochwertigen Soja. Im Zusammenspiel mit dem enzymreichen Honig entstehen bei der Herstellung des Almased®-Pulvers aus den Rohstoffen und ihren sekundären Pflanzenstoffen dann sogar noch mehr dieser bioaktiven Peptide. Warum das so bedeutsam ist? Die bioaktiven Eiweißkörper haben viele wichtige Aufgaben bei der Gesunderhaltung des Körpers, denn sie wirken zellschützend, cholesterinsenkend, anti-entzündlich, immunstimulierend, blutdrucksenkend und vor allem hemmend auf die Fettspeicherung, da sie den Insulinspiegel flach halten.

SCHLANK WERDEN, OHNE ZU HUNGERN

Almased® hilft von der ersten Trinkmahlzeit an, Ihren Stoffwechsel wieder ins Lot zu bringen sowie die Fettverbrennung anzuregen, und es versorgt Sie mit allen wichtigen Vitalstoffen.

WICHTIG: NUR STOFFWECHSELGERECHTE MAHLZEITEN MACHEN SCHLANK

Ob ein Körper vermehrt Fett speichert, hängt nicht nur von der Anzahl der über den Tag aufgenommenen Kalorien ab, sondern auch von der Zusammenstellung der einzelnen Mahlzeiten. Nimmt man eine sehr hochwertige Nahrung zu sich mit allen wichtigen Nähr- und Baustoffen für den Körper, kann man sogar wesentlich mehr Kalorien aufnehmen als bei einer ungünstig zusammengestellten Mahlzeit (z. B. zuckerreiche Fertiggerichte) – und das, ohne zusätzlich Fett anzusetzen. Das Gefühl der Sättigung, der Grad der Fettverbrennung oder Fettspeicherung, der Grundumsatz (das ist der Energieverbrauch in Ruhe) oder die Funktion der Hormone hängen wesentlich davon ab, welche Signale die Nahrungsinhaltsstoffe in den Körper und an seinen Stoffwechsel senden.

WARUM DER STOFFWECHSEL ENTGLEISEN KANN

Unser Stoffwechsel ist ein fein ausbalanciertes System, bei dem möglichst alle Nährstoffe optimal verwertet werden, und das wirkt sich auf alle Vitalfunktionen aus. Ernährt man sich also über einen längeren Zeitraum nicht stoffwechselgerecht, d. h. durch unregelmäßige Mahlzeiten, unausgewogene Nährstoffkombinationen, zu viel, zu fettig, zu salzig und zu süß, so kann dieses System entgleisen. Das merkt man dann daran, dass man schnell Gewicht zulegt und sich zugleich immer schlapper und wenig leistungsfähig fühlt. Das Problem: Besonders industriell hoch verarbeitete Nahrungsmittel mit ihrer Vielzahl an künstlichen Aroma- und Konservierungsstoffen schwächen den Stoffwechsel. Bei ihrer Verwertung im Körper gehen wertvolle Nährstoffe wie Vitamine und Enzyme verloren, die unter anderem dazu benötigt werden, Schäden von den Körperzellen abzuwenden. Zudem können diese Substanzen das hormonelle System stark irritieren. Eine mögliche Folge davon ist, dass der Körper die Fettverbrennung herunterschraubt. Es kommt zu gesundheitlich riskantem Übergewicht.

DIE LÖSUNG: ALMASED®

Almased® bietet die optimale Nährstoffkombination für die Stoffwechsel- und Zellgesundheit und enthält keine künstlichen Aromen, Zuckerstoffe (alles mit der Endung -ose auf der Zutatenliste), Maltodextrin und sonstige Füllstoffe. Die Vitalnahrung ist glutenfrei und damit darmpflegend. Durch regelmäßige Almased®-Trinkmahlzeiten optimieren Sie alle Stoffwechselfunktionen und bringen sie (wieder) ins Lot. Mit jedem Smoothie bringen Sie Ihre Fettverbrennung in Schwung, und der nach den meisten Diäten eintretende Jo-Jo-Effekt bleibt nach erfolgreicher Gewichtsreduktion mithilfe von Almased® aus. Da Sie zudem mit vielen wichtigen lebenswichtigen Nährstoffen und zellschützenden sekundären Pflanzenstoffen versorgt sind, werden Sie Tag für Tag vitaler, leistungsfähiger, und auch Ihr Immunsystem läuft rund.

TSCHÜSS, HEISSHUNGER

Bei der Almased®-Diät bleiben Sie nach jeder Mahlzeit lange angenehm satt. Das liegt zum einen daran, dass der Magen angenehm gefüllt ist und Sättigungssignale sendet. Zum anderen normalisieren sich die hormonell gesteuerten Mechanismen für Heißhunger.

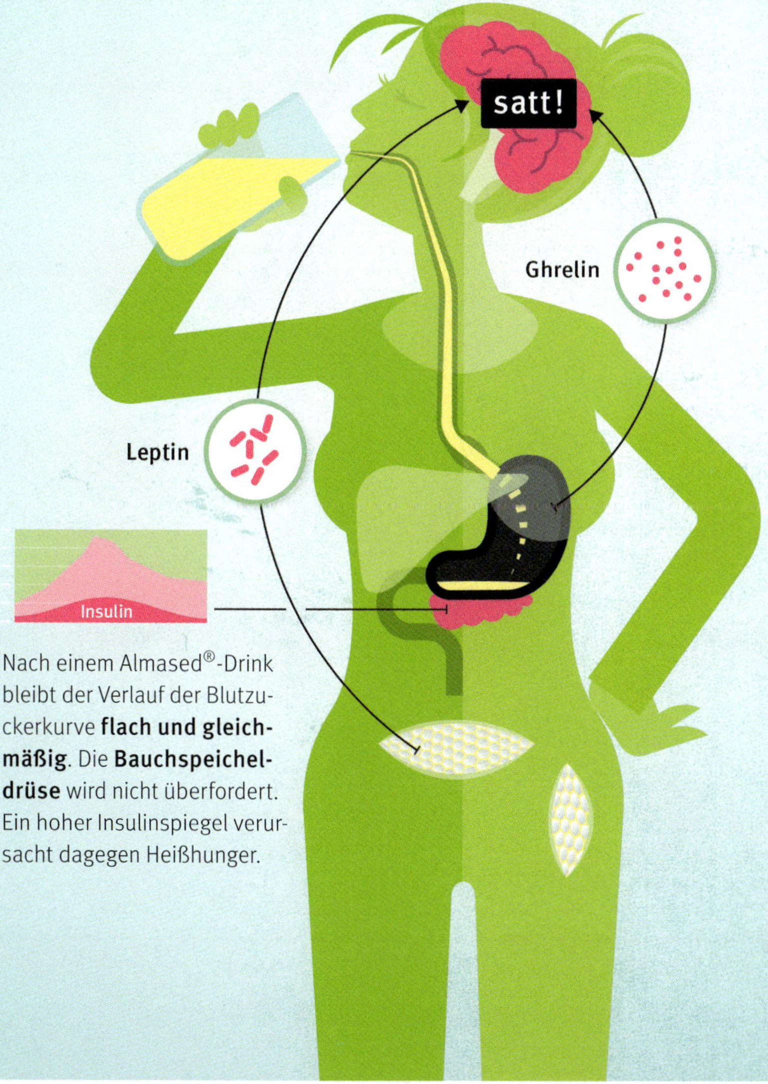

Ghrelin

Das Hormon **Ghrelin** wird im **Magen** gebildet. Es reagiert auf Eiweiß aus der Nahrung. Der Ghrelinspiegel sinkt durch den eiweißreichen Almased®-Drink. Das Gehirn bekommt das Signal **»Sättigung«**. Der Effekt hält nachweislich ca. vier Stunden.

satt!

Ghrelin

Leptin

Insulin

Nach einem Almased®-Drink bleibt der Verlauf der Blutzuckerkurve **flach und gleichmäßig**. Die **Bauchspeicheldrüse** wird nicht überfordert. Ein hoher Insulinspiegel verursacht dagegen Heißhunger.

Leptin

Das Hormon **Leptin** wirkt im **Fettgewebe**. Bleibt der Leptinspiegel auf einem **niedrigen Niveau**, entwickelt man nicht so schnell wieder Appetit.

WUNDERWELT STOFFWECHSEL

Im Stoffwechsel werden die mit der Nahrung zugeführten Nährstoffe abgebaut, umgebaut und zu neuen Substanzen wie Blut, Knochen oder Gewebe aufgebaut.

Von dort geht's weiter in den Darm, wo in den **verschiedenen Darmabschnitten** die unterschiedlichsten Aufgaben erfüllt werden.

3

Darm

Im **Mund** beginnt der Verdauungsprozess. Dort zerkleinern wir die Nahrung und vermischen sie mit Speichel.

1

Kohlenhydrate werden zu Einfachzuckern,

Eiweiße zu Aminosäuren,

Fette zu Fettsäuren und Triglyzeriden abgebaut.

Magen

2

Dieser **Speisebrei** gelangt in den Magen, wo die Nährstoffe in ihre kleinsten Bestandteile zerlegt werden.

Nährstoff-Bestandteile

4

Im **Dünndarm** werden die kleinsten Teilchen der Nahrung letztlich in die Blutbahn abgegeben.

Blutbahn

Gehirn ⑤

Leber

Niere

Mit dem **Blut** werden diese im gesamten Organismus bis hinein in die Zellen verteilt.

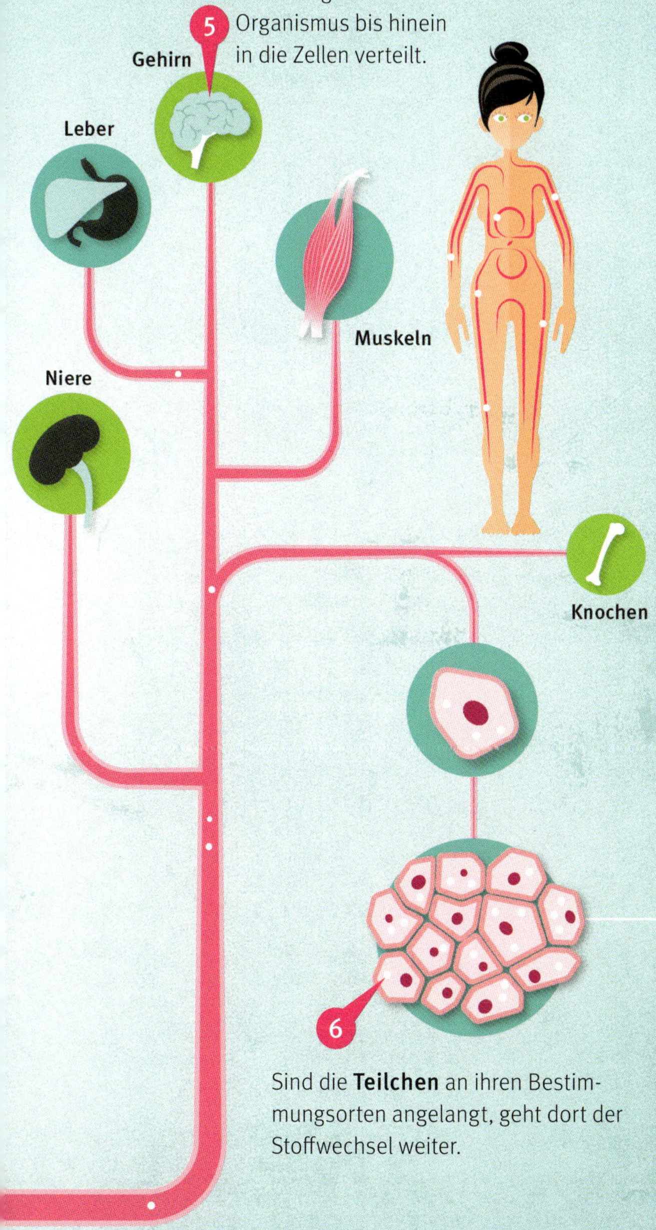

Muskeln

Knochen

⑥

Sind die **Teilchen** an ihren Bestimmungsorten angelangt, geht dort der Stoffwechsel weiter.

MAN UNTERSCHEIDET:

Kohlenhydratstoffwechsel
Kohlenhydrate z.B. aus Brot werden in Glukose und Fruktose zerlegt und durch Bewegung oder Gehirnleistung verbrannt. Überschuss speichern wir in Form von Fett.

Eiweißstoffwechsel
Eiweiß wird in Aminosäuren zerlegt, die dem Aufbau von Muskelzellen, Hormonen und Enzymen oder auch zur Energiegewinnung dienen.

Fettstoffwechsel
Fett dient als Zellbaustoff und ist der wichtigste Energiespeicher. Überschüsse werden für Notzeiten in den Fettzellen verstaut, von wo es wieder zur Energiebereitstellung mobilisiert werden kann.

Mineralstoffwechsel
Jeder Mineralstoff hat spezielle Funktionen und Mechanismen, z.B. Kalzium beim Aufbau der Knochen.

Anaboler Stoffwechsel
Hierbei wird ein Stoff aufgebaut, der im Körper gespeichert werden kann.

Kataboler Stoffwechsel
Hierbei werden z.B. Fettdepots geleert und Fette zu Glukose für die Energiegewinnung umgebaut. Angekurbelt wird der Stoffwechsel durch körperliche Bewegung und den Aufbau von Muskelmasse.

ABNEHMHELFER NR. 1: EIWEISS

Als Baustoffe übernehmen Eiweißkörper eine zentrale Rolle im Regenerationsstoffwechsel und dürfen im Rahmen einer ausgewogenen, schlank machenden Ernährung nicht fehlen.

Dieser Nährstoff hat viele Aufgaben im Körper. Er dient als Bau- und Struktursubstanz (z. B. für Haut, Organe und Muskeln) sowie als Bestandteil von Enzymen (z. B. Amylase im Speichel), Hormonen und Antikörpern (Helfer im Immunsystem). Eiweißkörper übernehmen auch Transportfunktionen, z. B. für Cholesterin, Eisen oder Sauerstoff. Diese binden sich an ein Proteinmolekül und werden so durch die Blutbahn transportiert.

VERSCHIEDENE EIWEISSQUELLEN

Man unterscheidet tierische und pflanzliche Eiweißlieferanten. Zu den tierischen zählen: Fleisch, Schinken, Wurstwaren, Fisch und Fischprodukte, Milch, Milchprodukte und Eier. Zu den pflanzlichen gehören: Soja und daraus hergestellte Produkte (z. B. Tofu, Sojaflocken), Algen, Pilze, Nüsse, Getreide sowie Scheingetreide wie Amarant und Quinoa, Hülsenfrüchte oder Kartoffeln. Pflanzliche und tierische Eiweißquellen liefern die verschiedenen Eiweißbausteine (Aminosäuren), die wir im Stoffwechsel benötigen, in unterschiedlichen Mengen. Ihre Verfügbarkeit oder biologische Wertigkeit im Körper ist besonders hoch, wenn man tierische mit pflanzlichen Eiweißbausteinen kombiniert. Proteinreiche Kost hilft dem Körper beim Abnehmen, da sie zum einen lange sättigt und zum anderen als Baustoff für die Fettverbrennungsmaschinen – die Muskeln – dient. So werden die Muskeln, die bei vielen Reduktionsdiäten schwinden, bei der Almased®-Diät optimal versorgt.

ABNEHMHELFER NR. 2: FETTE

Fett ist der energiereichste Nährstoff, übernimmt aber zentrale Aufgaben im Stoffwechsel und ist so auch beim Abnehmen und Einschmelzen der Fettdepots unentbehrlich.

Fette dienen als Baustoff für Zellen und viele Hormone. Zudem schützen sie Herz und Nieren vor Druck und Stoß. Ohne Fette könnten wir nicht die fettlöslichen Vitamine A, D, E und K aufnehmen. Nicht zuletzt erhalten sie die Körpertemperatur und isolieren bei Kälte.

WICHTIG: FETTMENGE UND -QUALITÄT

Pro Tag benötigen Frauen ungefähr 60 Gramm Fett und Männer ca. 80 Gramm. Für unsere Ernährung ist die Zusammensetzung der Nahrungsfette und somit ihre Qualität wichtig. Tierische und pflanzliche Fette unterscheiden sich in ihrer Zusammensetzung wesentlich, und ihre kleinsten Baustoffe, die Fettsäuren, haben mehr oder weniger großen Nutzen für unseren Stoffwechsel.

Man unterscheidet verschiedene Fettsäuren:

Gesättigte Fettsäuren sind vor allem in tierischen Produkten enthalten und sollten in der Ernährung den kleinsten Teil ausmachen.

Einfach ungesättigte Fettsäuren, wie z. B. die Ölsäure im Olivenöl, hat positive Effekte auf das Herz-Kreislauf-System und darf in einer ausgewogenen Ernährung nicht fehlen.

Mehrfach ungesättigte Fettsäuren können u. a. das »böse« Cholesterin (LDL) senken. Einer ihrer wichtigsten Vertreter sind die Omega-3-Fettsäuren. Sie kurbeln die Fettverbrennung an und stecken in fetten Seefischen sowie in pflanzlichen Ölen wie Raps- und Walnussöl. Leinöl enthält ganz besonders viel davon.

ENERGIESPENDER: KOHLENHYDRATE

Wie Eiweiß und Fette gehören Kohlenhydrate zu den Makronährstoffen. Sie bestehen aus Zuckermolekülen und bilden eine Art Supertreibstoff für den Stoffwechsel.

Kohlenhydrate sind die Energiequelle, die wir am schnellsten nutzen können. Zwar liefern sie mit vier Kilokalorien/Gramm nur die Hälfte des Kaloriengehalts im Vergleich zu den Fetten, spielen aber neben jenen die wichtigste Rolle für die Deckung des täglichen Energiebedarfs. Vor allem unser Gehirn ist auf eine ausreichende Zufuhr von Kohlenhydraten (Glukose) angewiesen, und auch die Muskeln werden durch sie befeuert, sobald wir körperlich aktiv sind.

SUPERTREIBSTOFF ZUCKER

Pflanzliche Lebensmittel sind die Quelle für Kohlenhydrate. Dazu gehören z. B. Früchte, Getreide und Getreideprodukte sowie daraus hergestellte Lebensmittel (z. B. Nudeln, Brot), stärkereiche Wurzelgemüse (z. B. Möhren), außerdem Milch und Milchprodukte, Kartoffeln und Hülsenfrüchte wie Bohnen, Erbsen und Linsen. Letztere sind zugleich hervorragende Eiweißlieferanten.

SCHNELLE UND LANGSAME KOHLENHYDRATE

Für das Stoffwechselgeschehen ist von Bedeutung, welche Kohlenhydrate schneller den Blutzuckerspiegel ansteigen lassen. Unterschieden werden sie je nach Anzahl der Zuckerbausteine. Besonders fix gehen Einfachzucker ins Blut über. Glukose (Traubenzucker) und Fruktose (Fruchtzucker) stecken z. B. in Haushaltszucker, Süßigkeiten, Süßgetränken, Obst und Fruchtsäften, aber auch in vielen Fertiggerichten oder Ketchup. Nach dem Verzehr dieser Nahrungsmittel steigt auch der Insulinspiegel entsprechend rasch an, um die Glukose aus der Nahrung in den Zellen verstauen zu können. Die Folge: Man hat sehr schnell wieder Hunger. Langsam resorbierbare Kohlenhydrate hingegen bestehen aus sogenannten Mehrfachzuckern aus Stärke (z. B. in Kartoffeln), Vollkornprodukten, Naturreis oder Hülsenfrüchten. Sie müssen vor der Aufnahme in die Blutbahn im Stoffwechsel erst aufgespalten werden, gelangen auf diese Weise nach und nach in die Blutbahn und sorgen infolgedessen auch für einen moderat ansteigenden Insulinspiegel. Diese Lebensmittel halten so länger satt als solche mit Einfachzuckern.

DER GLYKÄMISCHE INDEX (GI)

Jedes kohlenhydrathaltige Lebensmittel wird im Körper zu Zucker (Glukose) umgewandelt und gelangt unterschiedlich schnell ins Blut. Wie die Insulinantwort darauf ausfällt, ist also immer von der Art der verzehrten Kohlenhydrate abhängig. Darüber, wie schnell ein Lebensmittel den Blutzucker ansteigen lässt, informiert Sie sein sogenannter glykämischer Index (GI). Je niedriger der GI, desto sanfter der Blutzuckeranstieg und damit die Insulinantwort. Aber auch die Menge der in der Mahlzeit enthaltenen Kohlenhydrate ist entscheidend. Werden von den langsamen Kohlenhydraten mehr gegessen, als der Körper braucht, verstaut das Insulin die Überschüsse stante pede in den Fettdepots an Bauch, Beinen und Po.

DIE GLYKÄMISCHE LAST

Essen wir schnell verdauliche Kohlenhydrate in großen Mengen, steigt der Blutzuckerspiegel rasant an und infolge auch der Insulinspiegel. Die glykämische Last ist in diesem Moment sehr hoch, bringt unseren Stoffwechsel im schlimmsten Fall zum Entgleisen. Niedrig bleiben beide Werte, wenn langsam verdauliche Kohlenhydrate konsumiert werden.

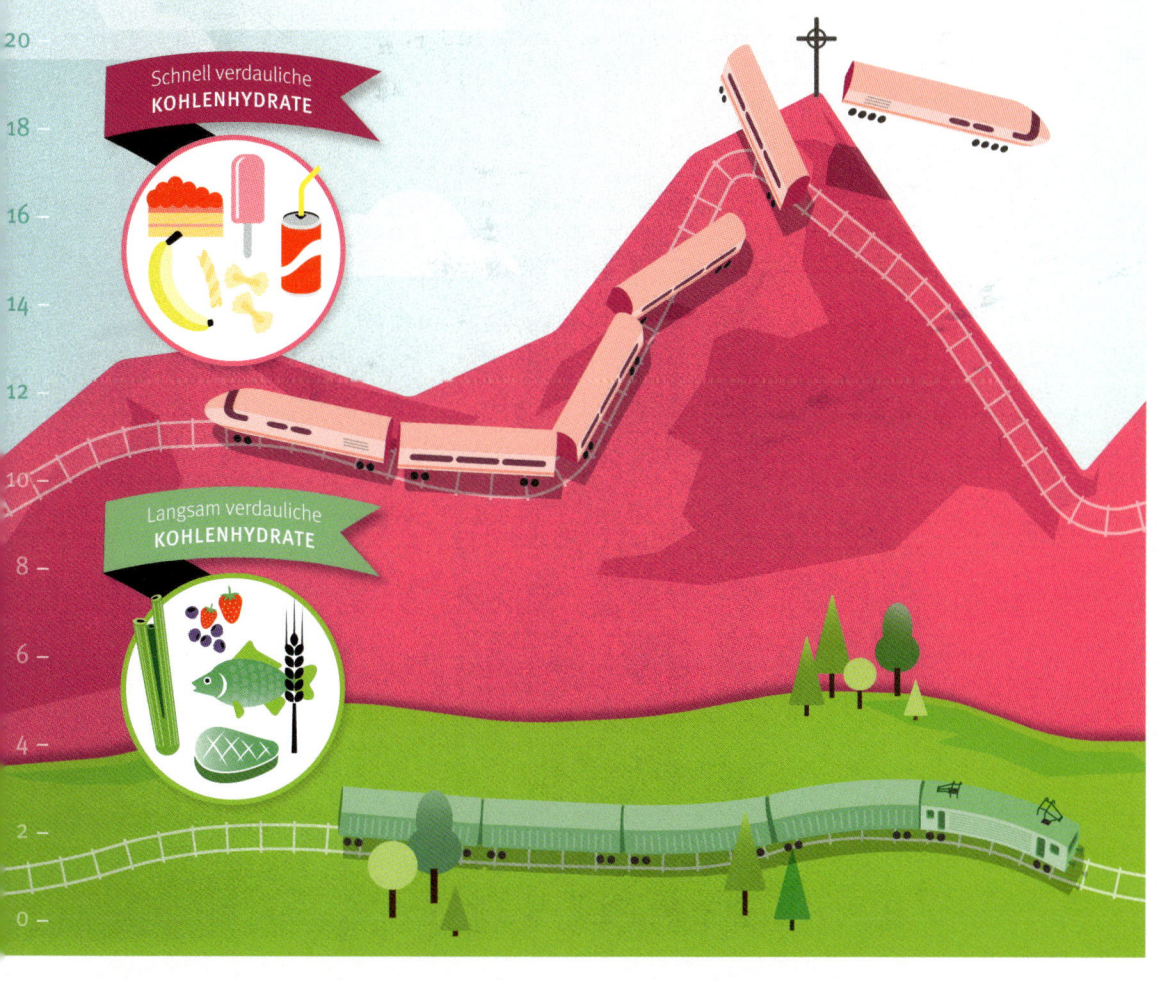

Schnell verdauliche
KOHLENHYDRATE

Langsam verdauliche
KOHLENHYDRATE

MIT CHARME IM DARM: BALLASTSTOFFE

Sie sind alles andere als Ballast: Die unverdaulichen Nahrungsbestandteile aus Getreide, Gemüse und Früchten stärken die Darmgesundheit und lassen die Pfunde purzeln.

Früher hielt man Ballaststoffe für überflüssig in der Nahrung. Dabei sind diese natürlichen Gerüst- und Stützsubstanzen, die nur in pflanzlichen Lebensmitteln stecken, im Rahmen einer gesunden Ernährung unverzichtbar. Empfohlen werden pro Tag mindestens 30 Gramm Ballaststoffe.

Man unterscheidet zwischen löslichen und unlöslichen Ballaststoffen. Lösliche Ballaststoffe binden Wasser und quellen auf, unlösliche können dies nicht. Diese Lebensmittel sind besonders gute Quellen für Ballaststoffe: Kohl, Weizen- und Rog-genkleie, Möhren und Erbsen, Getreide und Hülsenfrüchte. Die Faserstoffe dämpfen den Hunger, fördern die Verdauung in verschiedener Hinsicht und tragen auch dazu bei, dass sich die Fett- und Blutzuckerkonzentration im Blut nicht zu sehr erhöht. Den Cholesterinspiegel halten sie ebenfalls in Schach. So bleiben der Triglyzerid- und der Insulinspiegel flach, und die Bauchspeicheldrüse wird geschont. Im Gegensatz zu Eiweiß, Fetten und Kohlenhydraten sind Ballaststoffe kalorienfrei. Sie sättigen, indem sie die Magenleerung verzögern. Da wir die Faserstoffe nicht verwerten können, scheiden wir sie unverdaut wieder aus. Auf der Passage durch den Dickdarm binden die Faserstoffe Wasser, quellen auf und regulieren die Verdauung, indem sie den Darm in Bewegung bringen.

POWER FÜR DIE DARMFLORA

Aber nicht nur das: Ballaststoffe stärken die Darmflora. Sie sind sozusagen das ideale Futter für die Darmbakterien. Diese wiederum sind die Voraussetzung für ein perfekt funktionierendes Immunsystem im Darm und damit für die Gesundheit. Wenn Sie täglich drei bis vier Portionen Gemüse essen sowie eine Portion nicht zu süßes Obst (z. B. Himbeeren oder Blaubeeren) und Weißmehlprodukte mit ihren vielen Einfachzuckern durch faserreiche Vollkornprodukte ersetzen, tun Sie Ihrer Figur und Ihrem Wohlbefinden einen großen Gefallen. Eine Portion Gemüse entspricht übrigens immer der Größe Ihrer persönlichen Handfläche.

Viele Smoothies in diesem Buch sind aufgrund ihrer Zutaten wie Obst und Gemüse, Lein-, Chia-, Hanf- und Flohsamen oder auch Dinkel- oder Weizenkleie hervorragende Ballaststofflieferanten. Damit die Faserstoffe gut im Magen-Darm-Trakt quellen können, sollten Sie ausreichend trinken: mindestens 2 bis 2,5 Liter am Tag, in der heißen Jahreszeit oder wenn Sie Sport treiben, auch gerne etwas mehr. Nehmen Sie am besten auch immer ein Ex-traglas Wasser oder -becher Tee bei einer ballaststoffreichen Mahlzeit zu sich.

ABNEHMHELFER PRÄBIOTIKA …

Der Begriff „pre bios" stammt aus dem Griechischen und bedeutet »vor dem Leben«. Diese unverdaulichen Nahrungsbestandteile gehören zu den Ballaststoffen und hier zu denen, die den Magen und den Dünndarm unverdaut passieren und erst im Dickdarm fermentiert werden. Dazu gehört die sogenannt **resistente Stärke**, z. B. aus erkalteten Pellkartoffeln. Auch **Inulin** aus Topinambur, Pastinaken, Chicorée, Spargel, Schwarzwurzeln, Artischockenherzen, Zwiebeln, Knoblauch, Lauch und Endiviensalat und die sogenannte **Oligofruktose** (z. B. aus Tomaten) sind Mitglieder der großen Familie der Präbiotika. Alle drei dienen einer besonderen Nahrungskette im Darm, indem sie im Dickdarm die Bakterienstämme füttern, welche Ballaststoffe aus der Nahrung zerkleinern können. Diese wiederum sind dann das Futter für die verdauungsanregenden Bifidobakterien. Präbiotika sind damit ausgezeichnete Schlankheitshelfer.

… UND GESUNDE PROBIOTIKA

„Pro bios" heißt so viel wie „für das Leben". Bei Probiotika handelt es sich um lebende Mikroorganismen, die positiv auf die Darmflora wirken. Zu ihnen gehören z. B. Milchsäure- und Bifido-

Bakterien. Sie passieren den Magen nahezu unbeschadet und siedeln sich im Dickdarm an, wo sie krankmachende und deshalb unerwünschte Bakterienstämme verdrängen oder zumindest in Schach halten können. Außerdem verbessern sie die Barrierefunktion der Darmwand und schützen so vor Krankheitserregern. Allerdings ist die Besiedelung der richtigen Bakterienstämme nur von kurzer Dauer. Daher müssen sie immer wieder über die Nahrung zugeführt werden. Milchsäure- und Bifidobakterien sind enthalten in allen fermentierten Lebensmitteln wie Kefir, nicht wärmebehandeltem Joghurt, Quark, frischem Sauerkraut, Miso oder Kimchi. Auch über Nahrungsergänzungsmittel aus der Apotheke oder dem Reformhaus, z. B. in Form von Kapseln, kann man Probiotika zu sich nehmen.

BAUSTEINE DES LEBENS: VITAMINE

Die Mikronährstoffe brauchen wir zwar nur in winzigen Dosen, trotzdem sind sie lebenswichtig für unseren Stoffwechsel und perfekte Abnehmhelfer.

ECHTE ALLESKÖNNER

Da Vitamine (aus dem lateinischen »vita« für »Leben« und »amin« als Bezeichnung ihrer chemischen Struktur) unabdingbar sind für unzählige Vorgänge im Körper, bezeichnet man sie auch als Vitalstoffe. Sie liefern keine Energie, sind aber lebensnotwendig. Unser Organismus kann sie nicht bedarfsdeckend selbst herstellen, weshalb wir auf die Zufuhr durch unsere Nahrung angewiesen sind. Vitamine sind maßgeblich an allen Stoffwechselprozessen beteiligt und wirken dort als Beschleuniger (Katalysatoren). Vitamine – 13 insgesamt – erfüllen im Körper verschiedene Aufgaben, wie etwa das Stärken der Immunabwehr, den Schutz vor gefährlichen Schadstoffen, die Steuerung biochemischer Abläufe, die Bildung von Hormonen, die Funktion von Enzymen, den Aufbau von Körpergeweben (z. B. Knochen, Haut, Haare), das Entgiften des Organismus, das Umwandeln von Nahrung in Energie und die Verbesserung der Aufnahme von Mineralstoffen. Ohne Vitamine läuft, kurz gesagt, im unserem Körper nicht viel. Wir unterscheiden Vitamine in zwei Gruppen.

FETTLÖSLICHE VITAMINE

Diese Vitamine können wir im Fettgewebe speichern. Sie dienen nicht der Energiegewinnung oder als Baumaterial, sondern haben steuernde und enzymatische Aufgaben und können nur vom Körper aufgenommen werden, wenn sie zusammen mit Fett verzehrt werden. Daher ergänzen wir jeden vitaminreichen Almased®-Smoothie mit einem sehr hochwertigen Pflanzenöl wie Lein-, Walnuss-, Raps- oder Sojaöl. **Vitamin A** ist wichtig für die Sehkraft, das Zellwachstum sowie die Hautgesundheit und -regeneration. **Vitamin D** benötigen wir für die Aufnahme des Mineralstoffs Kalzium. Außerdem wirkt es positiv auf die Insulinempfindlichkeit der Zellen. **Vitamin E** stärkt das Immunsystem, wirkt zellschützend, dient der Zellerneuerung und hemmt entzündliche Prozesse. Und **Vitamin K** spielt eine entscheidende Rolle bei der Bildung von Blutgerinnungsfaktoren.

WASSERLÖSLICHE VITAMINE

Sie werden in sämtliche wasserhaltigen Körperbereiche wie das Blut, das Bindegewebe und die Zellzwischenräume verteilt und können nicht gespeichert werden. Die Almased®-Smoothies in diesem Buch sind besonders reich an den folgenden stoffwechselaktiven Vitalstoffen: **Vitamin C** ist wichtig für das Immunsystem und für das Stützsystem des Körpers. Die Vitamine aus dem **B-Komplex** erfüllen zahlreiche Aufgaben im Eiweiß-, Fett- und Kohlenhydratstoffwechsel. Außerdem sind sie bedeutsam für die Konzentrationsfähigkeit und die Nerven. **Folsäure** (Vitamin B9) ist maßgeblich am Zellwachstum und damit auch an der Zellerneuerung beteiligt. **Vitamin B12** bildet und regeneriert die roten Blutkörperchen. Wasserlösliche Vitamine werden bei einem eventuellen Überschuss vom Körper ausgeschieden.

STOFFWECHSELTURBO MINERALSTOFFE

Neben den Bausteinen des Lebens sind Mineralstoffe und Spurenelemente an vielen Stoffwechselprozessen beteiligt und darum unverzichtbare Bestandteile der täglichen Ernährung.

MINERALSTOFFE

Mineralien sind wichtig im Wasser- und Elektrolythaushalt und für das reibungslose Funktionieren unseres Nervensystems. Einige von ihnen sind außerdem Bestandteile von Enzymen, die wiederum im Stoffwechsel wichtig sind. Zu den Mineralstoffen gehören Kalzium, Chlor, Kalium, Magnesium, Natrium, Phosphor und Schwefel. Bedeutsam für den Energiestoffwechsel ist Magnesium, das bestimmte Enzyme aktiviert. Kalzium benötigen wir für den Aufbau von Knochen und Zähnen. Kalium regelt den Wasserhaushalt in den Zellen und ist am Kohlenhydratstoffwechsel und somit an der Energiegewinnung beteiligt.

SPURENELEMENTE

Obwohl wir sie nur in winzigsten Mengen brauchen, sind sie unabdinglich für unsere Gesundheit. Sie sorgen als Bestandteile von Enzymen und Hormonen sowie als Baustoffe dafür, dass z. B. der Kohlenhydratstoffwechsel optimal funktioniert. Zu ihnen gehören: Eisen, Zink, Jod, Fluor, Chrom, Kobalt, Mangan, Kupfer, Selen, Molybdän, Vanadium und Silizium. Eisen beispielsweise ist verantwortlich für den Transport von Sauerstoff im Blut und für ein gesundes Immunsystem. Jod ist als Bestandteil der Schilddrüsenhormone unverzichtbar für den Fett-, Zucker- und Bindegewebsstoffwechsel. Fluor festigt die Knochen, und Chrom spielt eine wichtige Rolle im Stoffwechselgeschehen und beim Fettsäureabbau.

GEHEIMWAFFEN AUS DER NATUR

Sekundäre Pflanzenstoffe sind bioaktive Substanzen, die Früchte und Gemüse zu ihrem eigenen Schutz bilden. Sie sind ganz besondere Gesundheitshelfer.

DAS EINMALEINS DER SCHUTZSTOFFE

Zahlreiche wissenschaftliche Studien belegen mittlerweile, dass die bioaktiven Helfer aus essbaren Pflanzen die Abwehrkräfte steigern, vor Infektionen mit Viren, Bakterien oder Pilzen schützen, den Cholesterinspiegel senken, die Blutzuckerwerte günstig beeinflussen und den Blutdruck senken. Durch diese Vielzahl an positiven Wirkungen beugen Obst und Gemüse Krebs und Herz-Kreislauf-Erkrankungen vor. Deshalb ist ein regelmäßiger Verzehr von Obst und Gemüse im Rahmen einer gesunden, ausgewogenen und den Stoffwechsel fördernden Ernährung unabdinglich. Mit den Smoothies in diesem Buch und den frischen Zutaten darin fällt dies im Übrigen ganz leicht.

VERSCHIEDENE UNTERGRUPPEN

Je nach ihrer chemischen Struktur werden die sekundären Pflanzenstoffe in zehn unterschiedliche Gruppen eingeteilt. Die wichtigsten sind Carotinoide, das sind Farbstoffe, die Gemüse eine gelbe und rote Farbe verleihen und zellschützend wirken. Flavonoide verzehrt man mit fast allen Obst- und Gemüsearten, die eine kräftige rote Farbe haben. Auch sie wirken antioxidativ und schützen somit die Zellen. Sulfide verleihen Zwiebeln und Knoblauch ihren typischen Geschmack, senken den Cholesterinspiegel und fördern die Verdauung. Glucosinsulate stecken in hohen Konzentrationen in allen Kohlarten, Kresse und Radieschen. Sie regen Entgiftungsprozesse im Körper an.

TRINKEN SIE GENUG!

Wasser ist der wichtigste Nährstoff überhaupt, schließlich bestehen 60 bis 70 Prozent des menschlichen Körpers aus diesem Element.

60–70 %

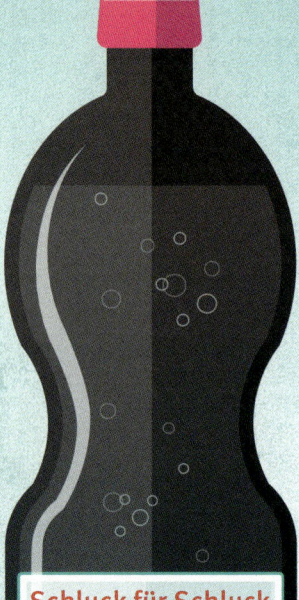

Was mir gut tut

Mineralwasser, Wasser, ungesüßter Früchte- und Kräutertee. Kaffee, schwarzer und grüner Tee in Maßen (3–4 Tassen bzw. ca. 500 ml/Tag)

Schluck für Schluck

Ausreichendes Trinken stellt einerseits sicher, dass **Nährstoffe** und **Sauerstoff** über die Blutbahn zu den Zellen transportiert werden können. Andererseits ist es wichtig für den Abtransport von Abfallstoffen und für Entgiftungsprozesse.

Gesund abnehmen

Beim Abnehmen entstehen **Ketosäuren** als Abfallprodukt der **Fettverbrennung**. Sie werden über die Nieren ausgeschieden. Dazu brauchen Sie viel Mineralwasser mit Kalzium und Magnesium (> 300 mg/l) und Hydrogencarbonat (> 1500 mg/l).

Wie viel ist gut für mich?

Ideal sind mindestens 1,5 – 2 Liter pro Tag oder 30 – 40 ml pro Kilogramm Körpergewicht. Mit der Nahrung erhält der Körper ungefähr **½ – 1 Liter Flüssigkeit**. Der Rest muss übers Trinken zugeführt werden. Wichtig ist, gleichmäßig über den Tag zu trinken, also pro Stunde ein Glas Wasser.

Wohl temperiert

Wasser **reguliert die Körpertemperatur**, damit diese zwischen 36 und 37° C bleibt. Da zu kalte Flüssigkeit den Verdauungsapparat belastet und die körpereigene Temperaturregulation stören kann, besser **zimmerwarm** trinken.

Nicht so gut

Bier, Wein & Co. stoppen die Fettverbrennung, schwemmen wertvolle **Vitalstoffe** aus und haben reichlich Kalorien: 1 Gramm Alkohol enthält 7 kcal. Auch Säfte liefern aufgrund ihres Fruchtzuckergehalts viel Energie und erhöhen zudem sehr schnell den Blutzuckerspiegel. Das macht schnell wieder hungrig.

SO FUNKTIONIERT DIE ALMASED®-DIÄT

Abnehmen mit den Almased®-Smoothies ist ganz einfach: Sie durchlaufen vier verschiedene Phasen, die aufeinander aufbauen und so die Pfunde nachhaltig zum Schmelzen bringen.

AUF EINEN BLICK

Mit den ausbalancierten Shakes gelingt der Fettabbau an den Problemzonen über eine Regulation bestimmter Hormone, die eine Gewichtszu- oder -abnahme beeinflussen. Eine wichtige Rolle spielen dabei neben Sojaprotein, Joghurt und Honig die in der Almased®-Vitalnahrung ebenfalls enthaltenen Vitamine, Mineralstoffe und Spurenelemente. In der Zeit, in der Sie die Shakes zu einem festen Bestandteil Ihrer täglichen Ernährung machen, werden Sie sich nach jeder Trinkmahlzeit immer gut satt fühlen. Dafür sorgt das extrem hochwertige und leicht verdauliche Eiweiß in Almased®. Eine Mahlzeit hält ungefähr vier bis sechs Stunden satt. Blutzucker- und Insulinspiegel bleiben im Lot, es kommt nicht zu ungesunden Spitzen. Gleichzeitig stimuliert Almased® von der ersten Phase an den Stoffwechsel, Ihr Körper verbrennt »automatisch« mehr Energie.

HORMONE IN BALANCE

Wenn man im Lauf der Zeit stärker zugenommen hat, lagert sich Fett am ganzen Körper an. Besonders gefährlich ist das Fett im Bauchraum zwischen den Organen. Dabei handelt es sich um einen ernst zu nehmenden gesundheitlichen Risikofaktor, der wie ein eigenständiges Hormon-Störsystem arbeitet. Botenstoffe und Entzündungsfaktoren werden produziert, andere Hormone gehemmt. Zahlreiche körperliche Vorgänge können so empfindlich gestört werden. Blutzucker- und Fettstoffwechsel laufen aus dem Ruder, Entzündungen breiten sich aus. Das Hormon **Adiponectin**, ein ausgezeichneter Stoffwechselhelfer bei Schlanken und Normalgewichtigen, nimmt z. B. ab, und man bekommt ständig Hunger. Der Botenstoff **Angiotensin** schnellt nach oben und erhöht den Blutdruck. Der Signalstoff **Fibrinogen** stört die Blutgerinnung. **PAI-1** fördert die Verstopfung der Blutgefäße, es kommt zu instabilen Plaques. Ein Überschuss des Hormons **Leptin** bewirkt Funktionsstörungen vieler Hormondrüsen. Es kommt zu einem absinkenden Testosteronspiegel (auch bei Frauen!), zu einem daraus resultierenden Insulinüberschuss und zu weniger schlank machendem Wachstumshormon. Der Fettabbau wird insgesamt verlangsamt. Nicht zuletzt stört zu viel Bauchfett die Aktivierung des Wohlfühlhormons **Serotonin**. Auch dieses ist normalerweise ein natürlicher Appetitzügler. Ist zu wenig von dem Botenstoff vorhanden, kann es zu Stimmungsschwankungen, Depressionen und schlechtem Schlaf kommen, da Serotonin zudem die Vorstufe für das Schlafhormon **Melatonin** ist.

Die Almased®-Trinkmahlzeiten helfen vom ersten Tag an, diese Ungleichgewichte wieder auszubalancieren. Das liegt zum einen an dem einzigartigen Nährstoffmix, der optimal auf die Bedürfnisse des Stoffwechsel abgestimmt ist, sowie an dem guten Sättigungsgefühl danach. So bleibt die Motivation erhalten, und Sie erzielen mit dieser Diät einen nachhaltigen Erfolg.

IHR HAUPTGEWINN!

Sie dürfen sich auf einen umwerfenden Diäterfolg freuen. Denn mit Almased® nehmen Sie nicht nur langfristig ab, Sie werden auch gesünder und vitaler.

Sie nehmen gesund vom ersten Tag an ab – garantiert, langfristig und nachhaltig.

Ihr Körper produziert mehr von dem Wohlfühlhormon **Serotonin.** Sie sind gut gelaunt, vitaler und schlafen besser.

Sie sehen wieder viel besser aus und gewinnen eine tolle, **selbstbewusste Ausstrahlung.**

Ihr Blutdruck normalisiert sich, Entzündungswerte bessern sich, der Spiegel der Geschlechtshormone (Östrogene, Testosteron) balanciert sich aus.

Ihre Blutzucker- und Insulinspiegel normalisieren sich, der **Fettstoffwechsel** kommt wieder ins Gleichgewicht.

Sie betreiben aktiv Gesundheitsvorsorge und stärken Ihr **Immunsystem.**

Der Leptin- und Ghrelinspiegel kommt wieder ins Lot. Sie entwickeln wieder **»normale«** Hunger- und Sättigungsgefühle.

PHASE 1 – DIE STARTPHASE

Los geht es mit einer Startphase, in der Sie Ihren Körper sanft, aber sicher auf die Stoffwechselumstellung und ab sofort auf verstärkte Fettverbrennung vorbereiten.

Diese Phase gibt die Initialzündung dafür, dass Ihr Stoffwechsel zielgerichtet in den Prozess der Fettverbrennung einsteigen kann. In der Startphase ersetzen Sie die drei Hauptmahlzeiten des Tages – Frühstück, Mittagessen, Abendessen – durch jeweils einen Almased®-Shake.

Die Abstände zwischen den Mahlzeiten sollten dann immer vier bis sechs Stunden betragen, damit der Insulinspiegel wieder komplett absinken kann. Zwischenmahlzeiten sind im Rahmen der Almased®-Diät nicht vorgesehen. Wenn der Hunger in der Umstellungsphase trotzdem plagt, achten Sie auf jeden Fall auf eine ausreichende Flüssigkeitszufuhr (siehe Seite 22 f.). Ihren Durst stillen Sie mit kalorienalorienarmen Getränken, vor allem mineralstoffreichem Wasser, Tees, etwas Kaffee (ohne Zucker oder mit wenig fettarmer Milch). Eine frisch gekochte Gemüsebrühe liefert sekundäre Pflanzenstoffe und leistet einen positiven Beitrag zum Säure-Basen-Haushalt. Wenn Sie möchten, können Sie von der Brühe mehrmals am Tag eine Tasse genießen. Alternativ können Sie auch gerne zwischendurch ein Glas Gemüsesaft (ohne oder mit einem geringen Salzanteil) trinken.

GESCHÜTTELT, NICHT GERÜHRT

Die Almased®-Menge, die auf Ihren persönlichen Bedarf zugeschnitten ist, errechnet sich aus Ihrer Körpergröße (siehe Tabelle rechts). Diese Pulvermenge rühren Sie in 200 Milliliter kalte oder lauwarme Flüssigkeit. Den schnellsten Abnehmerfolg haben Sie, wenn Sie Wasser als Lösungsmittel verwenden. Ebenfalls geeignet sind: fettarme Milch (1,5 % Fett), Buttermilch, Kefir, Mandel- oder Sojadrink sowie Gemüsesäfte.

Wenn Sie sechs, sieben oder mehr Esslöffel Almased®-Pulver pro Shake benötigen, empfiehlt es sich, die Flüssigkeitsmenge für eine trinkbare Konsistenz auf 250 bis 300 Milliliter zu erhöhen. Bei der Verwendung von Wasser ist das kein Problem. Mixen Sie Ihren Shake mit Milch oder Milchprodukten sollten Sie die zusätzlich benötige Flüssigkeit dann nur in Form von Wasser zugeben. Bitte ergänzen Sie unbedingt Speiseöl – am besten eines, das reich ist an Omega-3-Fettsäuren (z. B. Lein-, Raps-, Soja- oder Walnussöl).

GESUNDE FETTE SIND ERWÜNSCHT

Es ist wichtig, nicht an diesen Fett-Kalorien zu sparen, weil es sich dabei um essenzielle Fettsäuren handelt, die Ihr Körper nicht selber herstellen kann und die er für einen funktionierenden Stoffwechsel wie auch zur Fettverbrennung benötigt. In der Startphase werden diese Fette durch kein weiteres Nahrungsmittel zugeführt. Außerdem wird der Shake mit der Zugabe von Öl noch cremiger und sättigt noch besser. Pulver, Flüssigkeit und Öl verrühren Sie gut miteinander oder schütteln sie in einem Shaker. Füllen Sie das Getränk in ein Glas um und genießen Sie es in kleinen Schlucken.

DAS IST JETZT TABU!

Ganz wichtig für die Startphase ist es, sich ausschließlich flüssig zu ernähren. Alle drei Mahlzeiten werden durch Almased® ersetzt. Zwischenmahlzeiten auch in Form von Gemüse oder Obst sollten Sie meiden. Um den Stoffwechsel gut zu aktivieren wäre in dieser ersten Phase der naturbelassen Shake nur mit Almased®, Wasser und Öl zu empfehlen. Gerne kann Zimt, Vanilleschote oder auch Backkakao zur Geschmacksveränderung verwendet werden. So schaffen Sie ideale Voraussetzungen, um den Stoffwechsel richtig anzukurbeln.

DIE RICHTIGE DOSIERUNG

Sie ist wichtig für den Erfolg Ihrer Gewichtsabnahme und zur Verhinderung des gefürchteten Jo-Jo-Effekts nach Abschluss der Diät. Je nach Körpergröße besitzt jeder Mensch einen unterschiedlichen Anteil an fettfreier Masse in Form von Muskeln, Bändern, Sehnen und Organen. Diese gilt es während einer Gewichtsreduktion zu erhalten. Vor allem der Erhalt der fettverbrennenden Muskelmasse ist entscheidend für das Ausbleiben des Jo-Jo-Effekts und einen nachhaltigen Diäterfolg. Die entsprechenden Angaben für alle vier Phasen finden Sie hier. Ein gehäufter Esslöffel Almased® entspricht etwa 10 Gramm.

Almased®	Phase 1	Phase 2	Phase 3	Phase 4
Verzehrshäufigkeit	3 × täglich	2 × täglich	1 × täglich	1 × täglich
ab 150 cm Körpergröße	5 Esslöffel (50 g)	5 Esslöffel (50 g)	5 Esslöffel (50 g)	5 Esslöffel (50 g)
ab 160 cm Körpergröße	6 Esslöffel (60 g)	6 Esslöffel (60 g)	6 Esslöffel (60 g)	6 Esslöffel (60 g)
ab 170 cm Körpergröße	7 Esslöffel (70 g)	7 Esslöffel (70 g)	7 Esslöffel (70 g)	7 Esslöffel (70 g)
ab 180 cm Körpergröße	8 Esslöffel (80 g)	8 Esslöffel (80 g)	8 Esslöffel (80 g)	8 Esslöffel (80 g)
ab 190 cm Körpergröße	9 Esslöffel (90 g)	9 Esslöffel (90 g)	9 Esslöffel (90 g)	9 Esslöffel (90 g)
ab 200 cm Körpergröße	10 Esslöffel (100 g)	10 Esslöffel (100 g)	10 Esslöffel (100 g)	10 Esslöffel (100 g)

PHASE 2 – DIE REDUKTIONSPHASE

Das Prinzip dieser Phase besteht im Ersetzen von zwei Mahlzeiten des Tages (Frühstück, Mittag- oder Abendessen) durch je einen Almased®-Smoothie.

Idealerweise ersetzen Sie das Frühstück und das Abendessen durch einen Smoothie. Der Frühstücks-Smoothie legt den »Schalter« für die Fettverbrennung für den ganzen Tag um.

Das Mittagessen sollten Sie am besten in Form einer »normalen« Mischkost-Mahlzeit zu sich nehmen. Ideal ist folgende Kombination: ¼ Portion Eiweiß (150 – 200 g Fleisch, Fisch, Ei, Tofu, Quark, Käse etc.) + ¼ Portion Kohlenhydrate (ca. 60 g Reis oder Teigwaren, roh oder 3 mittelgroße Kartoffeln) + ½ Portion Gemüse (300 – 400 g).

Der Abend-Shake kurbelt die verstärkt ablaufende Fettverbrennung in der Nacht an. Die für die nächtlichen Regenerationsprozesse benötigte Energie holt sich der Körper aus den Fettspeichern.

INDIVIDUELLE BEDÜRFNISSE BEACHTEN

Falls dieser Rhythmus nicht so gut mit Ihrem Tagesablauf harmoniert, können Sie das Almased®-Prinzip der Phase 2 entsprechend anpassen und die Mahlzeitenverteilung nach Belieben wechseln. Am schnellsten funktioniert die Gewichtsabnahme erfahrungsgemäß jedoch nach der oben beschriebenen Mahlzeiten- und Shakeverteilung.

WIE LANGE DAUERT PHASE 2?

Die Dauer der Reduktionsphase hängt davon ab, wie viel Sie abnehmen möchten. Vielleicht reichen Ihnen ja eine oder zwei Wochen. Sie können Phase 2 aber auch sechs Wochen, längstens aber drei Monate lang durchführen.

PHASE 3 UND PHASE 4

Die Stabilitätsphase folgt auf Phase 2. Mit der daran anschließenden Lebensphase ist Ihre Ernährungsumstellung geglückt, und Sie halten Ihr Wunschgewicht.

In Phase 3 essen Sie zweimal am Tag normal und ersetzen eine Mahlzeit durch einen Smoothie. War Ihr Ausgangsgewicht hoch, werden Sie weiter abnehmen. Haben Sie Ihr Wunschgewicht erreicht, werden Sie dieses halten. Wichtig ist jetzt ein gezieltes Ernährungstraining, wie man gesund und ausgewogen isst. Es gibt gute Kochbücher auch für Einsteiger, die Ihnen dazu Inspirationen liefern. Wichtig: Behalten Sie den Drei-Mahlzeiten-Rhythmus grundsätzlich bei.

ERNÄHRUNGSTIPPS FÜR PHASE 3

Auch in der Stabilitätsphase werden die Kohlenhydrate eingeschränkt. Vor allem das Abendessen sollte nach wie vor weniger enthalten, muss aber nicht zwingend kohlenhydratfrei ausfallen. Ideal ist auch hier die auf Seite 28 empfohlene Mahlzeitenkombination. Sie können die Abendmahlzeit auch durch einen Almased®-Smoothie ersetzen und damit die Fettverbrennung über Nacht anheizen.

PHASE 4 – DIE LEBENSPHASE

Herzlichen Glückwunsch! Sie haben Ihr Wunschgewicht erreicht. Weiterhin stehen drei Mahlzeiten täglich auf dem Tisch, ausreichend Flüssigkeit und am besten keine Zwischenmahlzeiten. Zur Erhaltung eines aktiven Stoffwechsels könnten Sie ab jetzt 50 Gramm Almased® pro Tag zusätzlich einsetzen, etwa zum Frühstück als Getränk oder als Zugabe im Müsli.

DIE SMOOTHIE-PRAXIS

Almased®-Smoothies lassen sich beliebig veredeln durch hochwertige, frische Zutaten, mit denen Sie Ihre Fettreserven noch schneller zum Schmelzen bringen.

Von der Auswahl der Smoothie-Zutaten hängt ihr Wirkprinzip als Schlankmacher ab. Die klassische, hocheffektive Version besteht aus Wasser mit der für Sie individuell passenden Menge Almased®. Das kann auf Dauer aber ein bisschen eintönig werden. Deshalb finden Sie für tolle Geschmackserlebnisse, eine Extraportion Nährstoffe und kleine, feine Stoffwechselhelfer auf den nächsten Seiten eine große Auswahl an Smoothie-Rezepten. Bitte beachten Sie grundsätzlich immer die Mengenangaben und Ihre individuelle Almased®-Dosierung. Die Nährwertberechnungen gelten für die Standardmenge von 50 Gramm Almased®. Sind Sie größer als 160 cm, gilt für Sie Ihre persönliche, gut sättigende Dosierung (siehe Seite 27), auch wenn sich Eiweißgehalt und Kilokalorien für Ihren Smoothie etwas erhöhen.

ZUTATEN FÜR DIE SMOOTHIES

Als Flüssigkeiten zum Mixen können Sie Milch, Joghurt, Kefir (alle mit 1,5 % Fett), Buttermilch, Molke (ohne Zucker), Kokoswasser/-milch, Sojadrink light, Mandeldrink, Seidentofu, abgekühlte Tees, Mineral- oder Trinkwasser oder ungezuckerte Gemüsesäfte verwenden. Gezuckertes Kakaopulver oder Marmelade bitte nicht verwenden. Beeren, exotische Früchte wie Mango, Maracuja, Papaya und Ananas können Sie in kleinen Mengen, wie in den Rezepten angegeben, zum Verfeinern einsetzen. Schön raffiniert werden die Smoothies mit Gewürzen wie Curry, Kurkuma, Kardamom, Safran, Ingwer und Koriander. Sie verleihen ihnen nicht nur eine ganz spezielle Note, sondern besitzen darüber hinaus noch enorme Gesundheitspotenziale. Alle Zutaten finden Sie im gut sortierten Supermarkt, im Bio-Laden oder Reformhaus. Tiefkühlgemüse und -obst (ungezuckert, ohne Zusatzstoffe, TK) sind eine gute Alternative.

NICHT VERGESSEN: DAS RICHTIGE ÖL

Besonders in den Phasen 1 und 2 gehören Omega-3-Fettsäuren in jeden Smoothie. Leinöl ist hier der

Spitzenreiter, ist allerdings auch besonders empfindlich. Nach dem Öffnen sollten Sie es in ca. 4 Wochen verbrauchen. Der Geschmack ist etwas eigenwillig. Am besten probieren Sie, welches Omega-3-reiche Öl Ihnen am besten schmeckt. Rapsöl ist, sofern nicht kaltgepresst, geschmacksneutral und eignet sich sehr gut, wenn Sie das Öl nicht so intensiv schmecken möchten. Auch Sojaöl ist geschmacksneutral. Olivenöl enthält zwar so gut wie keine Omega-3-Fettsäuren, ist aber dennoch aufgrund seines besonderen Fettsäuremusters gut für die Smoothies geeignet. Es passt vor allem in Zubereitungen mit mediterranen Zutaten.

HEUTE SCHON GESHAKED?

Alle Rezepte sind leicht zuzubereiten. Hilfreiche Arbeitsgeräte sind:
- Original-Almased®-Shaker (Apotheke) oder ein handelsüblicher Shaker
- Stabmixer
- Standmixer
- Entsafter (gegebenenfalls)

Der Almased®-Shaker hat einen speziellen Spiraleinsatz, der dafür sorgt, dass die Zutaten sich perfekt mischen lassen. Der Deckel schließt absolut dicht. Wenn Sie weiche Obst- und Gemüsesorten mit einem Stabmixer zerkleinern, können Sie direkt im Almased®-Shaker pürieren. Anschließend geben Sie die restlichen Zutaten dazu, setzen den Spiraleinsatz ein, schrauben den Deckel gut zu, schütteln kräftig, und schon ist ein leckerer Smoothie fertig.

Mit einem Entsafter können Sie Gemüsesäfte rasch selbst herstellen. Wenn Sie Fertigsäfte verwenden, sollten Sie auf eine hochwertige Qualität achten (ohne oder mit einem geringen Salzanteil).

Am besten geeignet für die meisten Gemüse-Smoothies ist ein leistungsfähiger Standmixer

(mindestens ca. 30 000 Umdrehungen/Minute). So stellen Sie sicher, dass die Zellulosewände des Gemüses richtig aufgebrochen werden. Waschen und putzen Sie das Gemüse und zerkleinern Sie es etwas. Schälen ist bei Bio-Ware nicht notwendig, außer bei Kohlrabi, Rettich und frischer Roter Bete. Sie können die Gemüse- und Fruchtpürees oder -säfte immer mit etwas Wasser oder Mineralwasser auffüllen, um die von Ihnen gewünschte Konsistenz Ihres Smoothies zu erhalten.

Wenn Sie mit Tee mixen möchten, sollte seine Temperatur unter 40 °C liegen, bevor Sie das Almased® einrühren, um die Nährstoffe zu erhalten. Das Gleiche gilt, falls Sie Ihre Gemüsesmoothies als »Suppe« erwärmen möchten.

DIE FRUCHTIGEN

Natürlich süß und voller Geschmack sind die mit Obst verfeinerten Drinks. Zum Einsatz kommen Früchte mit relativ wenig Zucker wie Beeren oder Exoten wie Papaya und Mango. So bleibt der Insulinspiegel niedrig und der Abnehmerfolg garantiert.

ROTE-GRÜTZE-SMOOTHIE

75 g gemischte rote Beeren (z. B. Erdbeeren, rote Johannis-
beeren, Himbeeren) | 200 ml kalter roter Früchtetee |
50 g Almased® | 1 EL Rapsöl | 2 EL (40 g) fettarmer Joghurt
(1,5 % Fett) | Mark von ¼ Vanilleschote oder 1–2 Msp. Va-
nilleextrakt | 1 rote Johannisbeer-Rispe für die Dekoration

Sommer-Hit

Für 1 Glas à 400 ml | 15 Min. Zubereitung
Pro Glas ca. 310 kcal, 29 g EW, 12 g F, 21 g KH

1 Die Beeren waschen und trocken tupfen. Erdbeeren putzen.
Johannisbeeren von den Rispen streifen. Himbeeren verlesen.

2 Beeren mit dem Tee in einen hohen Rührbecher oder Mixer
geben und fein pürieren. Almased® und Öl zum Beerenpüree geben und kräftig unterrühren. Smoothie in ein Glas gießen.

3 Den Joghurt mit Vanille verrühren und als Klecks auf den
Smoothie geben. Mit der Johannisbeer-Rispe dekorieren und
schluckweise genießen.

INFO
Die Beeren liefern nur wenig Zucker, aber jede Menge Vitamin C. Das ist nicht nur wichtig als Zündstoff für eine optimale Fettverbrennung, sondern strafft auch das Bindegewebe von innen – perfekt also bei einer Diät.

KIWI SOUR

Die prickelnde grüne Erfrischung mit Kiwi, Gurke, Minze und Zitrone wirkt sanft entwässernd und unterstützt so das Abnehmen. Besonders toll an heißen Sommertagen.

1 kleine Kiwi (50 g)
⅓ Salatgurke mit Schale (ca. 150 g)
3 Stängel Minze
3 – 4 TL Zitronensaft
200 ml eiskaltes Mineralwasser
50 g Almased®
1 EL Walnussöl
1 gute Prise gemahlener Kardamom
Eiswürfel (nach Belieben)
1 schöner Stängel Minze für die Dekoration

Federleicht

Für 1 Glas à ca. 500 ml |
10 Min. Zubereitung
Pro Glas ca. 300 kcal,
28 g EW, 11 g F, 21 g KH

1 Die Kiwi schälen und grob würfeln. Die Salatgurke gründlich waschen und mit Schale grob zerkleinern. Die Minze waschen, trocken schütteln und die Blättchen von den Stielen zupfen.

2 Alle vorbereiteten Zutaten mit Zitronensaft und Mineralwasser in einen hohen Rührbecher oder Mixer geben und fein pürieren.

3 Almased®, Öl und Kardamom zum Püree geben und kräftig unterrühren. Smoothie in eine Glas füllen und nach Belieben noch Eiswürfel zugeben. Mit Minze dekorieren und sofort servieren.

TIPP

Sie mögen es lieber etwas cremiger und gehaltvoller? Dann ersetzen Sie einfach die Hälfte des Mineralwassers durch fettreduzierte ungesüßte Kokosmilch. Da die Kokosmilch bereits Fett liefert, dann nur 1 TL Öl zugeben.

ROSAROTER PANTHER

50 g frische Ananas | ¼ Granatapfel | 150 ml kalter weißer Tee (ersatzweise grüner Tee) | 100 g fettreduzierte ungesüßte Kokosmilch | 50 g Almased® | 1 TL Sojaöl | ¼ TL geröstete Kokosraspel für die Dekoration

Reich an Antioxidantien

Für 1 Glas à 400 ml | 15 Min. Zubereitung
Pro Glas ca. 390 kcal, 28 g EW, 18 g F, 26 g KH

1 Ananas schälen und den Strunk entfernen. Das Fruchtfleisch in Stücke schneiden. Die Granatapfelkerne aus der Schale lösen.

2 Ananas und Granatapfelkerne, bis auf 1 TL zum Dekorieren, mit dem Tee und der Kokosmilch in einem hohen Rührbecher oder einem Mixer fein pürieren. Almased® und und das Sojaöl dazugeben und kräftig unterrühren.

3 Smoothie in ein Glas füllen, mit den übrigen Granatapfelkernen und den Kokosraspeln bestreuen und sofort servieren. Bei längerem Stehen wird er durch die Ananasenzyme etwas bitter.

INFO

Die Granatapfelkerne lassen sich nur mit einem Hochleistungsmixer mit besonders hoher Drehzahl vollständig zerkleinern. Wer keinen hat, sollte das Fruchtpüree noch durch ein kleines Sieb geben.

MANGO-KISS

1 EL Kokosöl | ¼ TL Kurkumapulver |
50 g Mango | 200 ml ungesüßtes Kokoswasser |
50 g Almased® | 3 – 4 geröstete Kokosspäne für
die Dekoration

Sanft exotisch

Für 1 Glas à 350 ml | 10 Min. Zubereitung
Pro Glas ca. 310 kcal, 28 g EW, 12 g F, 22 g KH

1 Das Kokosöl in einem kleinen Topf schmelzen.
Das Kurkumapulver zugeben und kurz im Öl anrösten. Vom Herd nehmen und abkühlen lassen.

2 Inzwischen die Mango schälen und das Fruchtfleisch grob würfeln. Mit dem Kokoswasser in einem hohen Rührbecher oder Mixer fein pürieren.

3 Almased® und Kurkuma-Öl zum Püree geben
und kräftig unterrühren. Smoothie in ein Glas füllen und mit den Kokosspänen dekorieren. Schluck
für Schluck langsam genießen.

INFO

Kokoswasser ist das klare Fruchtwasser der
jungen grünen Kokosnuss, das im Gegensatz
zu Kokosmilch oder -creme sehr fett- und kalo-
rienarm, dafür aber reich an Mineralien und
Spurenelementen ist. Greifen Sie beim Einkauf
unbedingt zur naturbelassenen Variante ohne
Zuckerzusatz und Zusatzstoffe.

ANANAS-SPARGEL-SMOOTHIE

50 g frische Ananas | 3 Stangen weißer Spargel
(ca. 200 g) | 4 Stängel glatte Petersilie |
200 ml kalter Brennnesseltee | 50 g Almased® |
1 EL Rapsöl | 1 Stängel Petersilie
für die Deko

Detox-Wunder

Für 1 Glas à 500 ml | 15 Min. Zubereitung
Pro Glas ca. 310 kcal, 29 g EW, 11 g F, 22 g KH

1 Die Ananas schälen und den Strunk entfernen.
Fruchtfleisch in Stücke schneiden. Den Spargel waschen und holzige Enden entfernen. Stangen dünn
schälen und in Stücke schneiden. Die Petersilie
waschen, trocken schütteln und die Blättchen von
den Stängeln zupfen.

2 Alle vorbereiteten Zutaten mit dem Tee in einen
hohen Rührbecher oder einen Mixer geben und
möglichst fein pürieren.

3 Almased® und Öl zum Püree geben und kräftig
unterrühren. Smoothie in ein Glas geben, mit Petersilie dekorieren und sofort genießen.

VARIANTE
Außerhalb der Saison können Sie den Spargel
durch Salatgurke (mit Schale) oder Staudensellerie ersetzen. Beide Gemüsesorten haben
ebenfalls eine entschlackende Wirkung.

ABWEHR-BOOSTER-SMOOTHIE

100 g Papaya (ca. ¼ Frucht) | 100 ml Kefir | 1 EL ungesüßter Sanddornsaft (Drogerie oder Reformhaus) | 1 EL Zitronensaft | 1 TL Weizenkeime | 50 g Almased® | 1 EL Walnussöl | 1–2 Tropfen Orangen-Aromaöl | 1 dünne Spalte Papaya und etwas ungesüßter Sanddornsaft für die Dekoration

Vitaminreich

Für 1 Glas à 400 ml | 10 Min. Zubereitung
Pro Glas ca. 340 kcal, 32 g EW, 12 g F, 24 g KH

1 Die Papaya entkernen, schälen, grob würfeln und mit Kefir, 100 ml Wasser, Sanddornsaft und Zitronensaft fein pürieren.

2 Weizenkeime, Almased® und Öle zugeben und kräftig unterrühren. In ein Glas gießen und etwas Sanddornsaft mit einem kleinen Löffel spiralförmig auf den Smoothie träufeln. Die Papayaspalte zur Dekoration an das Glas stecken.

INFO

Bei diesem Mix haben fiese Viren keine Chance: Sanddornbeeren sind wahre Vitamin-C-Bomben, die auch noch reichlich Antioxidantien liefern. Das tun auch die Weizenkeime, die zusätzlich mit Eiweiß, Ballaststoffen, gesundem Fett, Vitamin E und immunstärkendem Eisen und Zink punkten. Kefir bringt mit seinen wertvollen Bakterien die Darmflora ins Gleichgewicht und stärkt so ebenfalls das Immunsystem.

FRUCHTIGER SUPER-SMOOTHIE

So lecker können Sie Ihrem Körper Gutes tun – mit Superfood pur zum Schlürfen,
das auch noch superschnell gemixt ist.

1 TL grüne Teeblätter
1 TL Goji-Beeren (5 g)
1 kleine reife Aprikose (50 g)
30 g Blaubeeren
50 g Almased®
1 EL Walnussöl
1 gute Prise (nach Belieben
auch etwas mehr) Zimtpulver
plus etwas mehr
für die Dekoration

Zellschützend

Für 1 Glas à 400 ml |
15 Min. Zubereitung |
20 Min. Abkühlen
Pro Glas ca. 310 kcal,
28 g EW, 11 g F, 23 g KH

1 Den grünen Tee in einen Einwegteebeutel oder in ein Teeei füllen und mit den Goji-Beeren in einen Topf geben. Mit 300 ml heißem Wasser (ca. 70 °C) übergießen und zugedeckt 2 – 3 Min. ziehen lassen. Dann Teebeutel bzw. -ei entfernen und den Tee samt der Beeren offen lauwarm abkühlen lassen.

2 Die Aprikose waschen, trocken tupfen, entsteinen und grob würfeln. Die Blaubeeren waschen, trocken tupfen und verlesen. Früchte mit dem Tee und den Goji-Beeren in einen hohen Rührbecher oder einen Mixer geben und fein pürieren.

3 Almased®, Walnussöl und Zimt zum Püree geben und kräftig unterrühren. Den Smoothie in ein Glas füllen, mit etwas Zimt bestäuben und in kleinen Schlucken genießen.

INFO

Die kleinen dunkelroten Goji-Beeren werden zu den Superfoods gezählt. Denn sie sind besonders reich an Vitalstoffen wie Vitaminen, Eisen und vor allem an sekundären Pflanzenstoffen. Auch grüner Tee, Aprikosen und Blaubeeren enthalten eine gute Portion dieser Stoffe, die antioxidativ wirken. Das bedeutet, dass sie unsere Körperzellen vor schädlichen Stoffen wie freien Radikalen schützen und so effektiv Krankheiten vorbeugen können.

ZITRUS-TRAUM

¼ kleine pinke Grapefruit | ½ kleine Orange | 50 g Staudensellerie | 3 Stängel Minze | 1 haselnussgroßes Stück Ingwer | 200 ml Mineralwasser | 50 g Almased® | 1 EL Sojaöl | 1–2 Tropfen Zitronen-Aromaöl | 1 spiralförmig dünn abgeschältes Stück Orangenschale für die Deko

Wachmacher

Für 1 Glas à 400 ml | 15 Min. Zubereitung
Pro Glas ca. 300 kcal, 28 g EW, 11 g F, 22 g KH

1 Die Grapefruit und die Orange schälen und in Stücke schneiden. Den Saft dabei auffangen. Den Staudensellerie waschen, putzen und in Stücke schneiden. Die Minze waschen, trocken schütteln, die Blätter abzupfen und diese grob hacken. Den Ingwer schälen und fein reiben.

2 Alle vorbereiteten Zutaten mit dem Mineralwasser in einen hohen Rührbecher oder Mixer geben und fein pürieren.

3 Almased®, Öl und Zitronen-Aromaöl zum Püree geben und kräftig unterrühren. Smoothie in ein Glas geben, mit der Orangenschalen-Spirale dekorieren und langsam genießen.

BLAUE STUNDE

60 g Blaubeeren | 50 g Birne | 1–2 TL Zitronen-
saft | 100 ml ungesüßter Sojadrink | 100 ml Mi-
neralwasser | 50 g Almased® | 1 EL Walnussöl |
1 Prise gemahlener Anis

Macht gute Laune

Für 1 Glas à 400 ml | 10 Min. Zubereitung
Pro Glas ca. 350 kcal, 31 g EW, 13 g F, 25 g KH

1 Die Blaubeeren waschen, trocken tupfen und
verlesen. Die Birne waschen, trocken tupfen und in
Stücke schneiden.

2 Die vorbereiteten Früchte mit dem Zitronensaft,
dem Sojadrink und dem Mineralwasser in einen
hohen Rührbecher oder einen Mixer geben und
fein pürieren.

3 Almased®, Öl und Anis zum Püree geben und
kräftig unterrühren. Smoothie in ein Glas füllen
und langsam genießen.

SUNRISER

Wenn das glutrote, aromatische Püree aus Himbeeren und Tomate langsam im sanften Smoothie mit Melone versinkt, kommt der Genuss garantiert nicht zu kurz.

25 g Himbeeren
1 kleine reife Tomate
50 g Cantaloupe-Melone
1 EL Orangensaft
200 ml eiskaltes Mineralwasser
50 g Almased®
1 EL Öl

Raffiniert

Für 1 Glas à 400 ml |
15 Min. Zubereitung
Pro Glas ca. 310 kcal,
28 g EW, 11 g F, 23 g KH

1 Die Himbeeren verlesen. Die Tomate waschen, den Stielansatz entfernen und das Fruchtfleisch grob würfeln. Beeren und Tomate in einen kleinen hohen Rührbecher geben und fein pürieren. Nach Belieben durch ein feines Sieb streichen, um die Kernchen zu entfernen. Püree kalt stellen.

2 Die Melone schälen und entkernen. Das Fruchtfleisch grob würfeln und mit dem Orangensaft und dem Mineralwasser in einem hohen Rührbecher oder in einem Mixer fein pürieren.

3 Almased® und Öl zum Püree geben und kräftig unterrühren. Smoothie in ein Glas geben. Das rote Püree mit einem kleinen Löffel spiralförmig auf dem Smoothie verteilen. Kalt genießen.

TIPP

Da hier nur kleine Mengen der Melone verwendet werden, fragen Sie sich vielleicht, was Sie mit dem Rest anfangen sollen. Ganz einfach: einfrieren. Bereiten Sie die Melone vor und pürieren Sie das Fruchtfleisch. Frieren Sie das Püree in Eiswürfelbehältern ein. So können Sie es portionsweise entnehmen, und der nächste »Sunriser« ist schon fast fertig.

GRÜNER PFIRSICH-COOLER

1 walnussgroßes Stück Ingwer | 1 kleiner Pfirsich | 50 g Baby-spinat | 1 EL Zitronensaft | 50 g Almased® | 1 EL Rapsöl |
3 – 4 Eiswürfel

Regt den Stoffwechsel an

Für 1 Glas à 500 ml | 15 Min. Zubereitung | 10 Min. Kochen und Abkühlen
Pro Glas ca. 310 kcal, 29 g EW, 11 g F, 23 g KH

1 Ingwer schälen, in dünne Scheiben schneiden, mit 250 ml Wasser aufkochen und ca. 10 Min. köcheln lassen. Ingwertee durch ein Sieb gießen, 200 ml abmessen und abkühlen lassen.

2 Den Pfirsich waschen, trocken tupfen und halbieren. Den Stein entfernen und das Fruchtfleisch in Stücke schneiden. Den Babyspinat waschen und abtropfen lassen. Pfirsich, Spinat, Zitronensaft und Ingwertee in einen hohen Rührbecher oder in einen Mixer geben und fein pürieren.

3 Almased® und Öl zum Püree geben und kräftig unterrühren. Eiswürfel in ein großes Glas geben, den Smoothie hineingießen und anschließend eiskalt genießen.

GUTE-LAUNE-SMOOTHIE

50 g Kapstachelbeeren | 5 – 6 Rosmarinnadeln |
50 ml ungesüßter Möhrensaft | 100 ml unge-
süßter Mandeldrink | 2 EL Orangensaft |
1 TL Orangenblütenwasser | 50 g Almased® |
1 EL Walnussöl | 1 Kapstachelbeere mit Hülse
und 1 Rosmarinzweig für die Dekoration

Aromawunder

Für 1 Glas à 300 ml | 10 Min. Zubereitung
Pro Glas ca. 360 kcal, 29 g EW, 15 g F, 26 g KH

1 Die Kapstachelbeeren waschen, trocken tupfen
und halbieren. Die Rosmarinnadeln fein hacken.

2 Kapstachelbeeren, gehackten Rosmarin, Möhrensaft, Mandeldrink, 50 ml Wasser, Orangensaft
und Orangenblütenwasser in einen hohen Rührbecher oder Mixer geben und fein pürieren.

3 Almased® und Öl zum Püree geben und kräftig
unterrühren. Den Smoothie in ein Glas füllen, mit
der Kapstachelbeere und dem Rosmarinzweig dekorieren und genießen.

WÜRZIGER WINTER-SMOOTHIE

100 ml ungesüßter Mandeldrink | 1 Beutel Chai-Tee (indischer Gewürztee) | 1 Mandarine | 30 g Cranberrys (frisch oder Tiefkühlware) | 50 g Almased® | 1 EL Walnussöl | 1 Zimtstange für die Dekoration

Herrlich winterlich

Für 1 Glas à 400 ml | 10 Min. Zubereitung | 10 Min. Köcheln und Abkühlen
Pro Glas ca. 330 kcal, 28 g EW, 14 g F, 22 g KH

1 Den Mandeldrink mit 150 ml Wasser in einem kleinen Topf aufkochen. Teebeutel zugeben und zugedeckt ca. 10 Min. ziehen lassen. Teebeutel entfernen und die Flüssigkeit abkühlen lassen.

2 Die Mandarine schälen und in die einzelnen Segmente teilen. Mit den Cranberrys und der Flüssigkeit in einen hohen Rührbecher oder Mixer geben und fein pürieren.

3 Almased® und Öl zum Püree geben und kräftig unterrühren. Den Smoothie in ein Glas füllen, mit der Zimtstange dekorieren und anschließend schluckweise genießen.

PAPAYA-WASSERMELONEN-SMOOTHIE

Herrlich frisch und leicht schmeckt dieser Drink mit aromatischen Früchten, Minze und mineralienreichem Kokoswasser, das den Säure-Basen-Haushalt ins Gleichgewicht bringt.

1 EL Kokosöl
50 g Papaya
50 g eisgekühlte Wassermelone
1 Stängel Minze
200 ml Kokoswasser
1–2 TL Limettensaft
50 g Almased®
1 Stängel Minze für die Dekoration

Regt die Verdauung an

Für 1 Glas à 300 ml |
15 Min. Zubereitung
Pro Glas ca. 300 kcal,
28 g EW, 12 g F, 20 g KH

1 Das Kokosöl schmelzen und abkühlen lassen.

2 Inzwischen die Papaya schälen, entkernen und in Stücke schneiden. Die Wassermelone ebenfalls schälen, entkernen und in Stücke schneiden. Die Minze waschen, trocken schütteln und die Blätter grob hacken.

3 Die Früchte und die Minze mit dem Kokoswasser und dem Limettensaft in einen hohen Rührbecher oder einen Mixer geben und fein pürieren.

4 Almased® und Öl zum Püree geben und kräftig unterrühren. Den Smoothie in ein Glas geben, mit dem Minzstängel dekorieren und dann langsam genießen.

INFO

Papayas sind perfekt für die Figur, denn sie sind eine der zuckerärmsten Früchte. Außerdem punkten sie mit wirkungsvollen Enzymen, die verdauungsfördernd wirken und den Bauch schnell flach machen.

SCHOKO-BÄRCHEN

70 g Blau- und Brombeeren | 150 ml fettarme Milch (1,5 % Fett) | 1–2 TL ungesüßtes Kakaopulver | 50 g Almased® | 1 EL Walnussöl | 1 Prise Nelkenpulver | 1 Prise Zimtpulver | etwas Kakaopulver für die Dekoration

Schön schokoladig

Für 1 Glas à 300 ml | 10 Min. Zubereitung
Pro Glas ca. 380 kcal, 34 g EW, 14 g F, 27 g KH

1 Die Blau- und Brombeeren waschen, trocken tupfen und verlesen.

2 Die Beeren mit Milch und Kakaopulver in einen hohen Rührbecher oder einen Mixer geben und fein pürieren.

3 Almased® und Öl zum Püree geben und kräftig unterrühren. Den Smoothie mit Nelkenpulver und Zimt verfeinern, in ein Glas gießen, mit etwas Kakao bestäuben und Schluck für Schluck genießen.

TIPP
Ungesüßtes Kakaopulver finden Sie im Supermarkt bei den Backzutaten. Studieren Sie unbedingt die Zutatenliste, damit Sie aus Versehen nicht doch eine Variante mit Zucker erwischen. Kakao ist reich an wertvollen Antioxidantien sowie Magnesium – und macht einfach gute Laune, oder?

BEEREN-DUO

40 g Erdbeeren | 35 g Blaubeeren | 200 ml But-
termilch | 50 g Almased® | 1 EL Rapsöl | Mark
von ¼ Vanilleschote oder 1–2 Msp. Vanille-
extrakt | 1 Erdbeere für die Dekoration

Einfach gut

Für 1 Glas à 400 ml | 10 Min. Zubereitung
Pro Glas ca. 370 kcal, 35 g EW, 12 g F, 27 g KH

1 Die Beeren waschen und trocken tupfen. Die
Erdbeeren putzen und halbieren oder vierteln, die
Blaubeeren verlesen.

2 Beide Beerensorten mit der Buttermilch in
einen hohen Rührbecher oder einen Mixer geben
und fein pürieren.

3 Almased®, Rapsöl und Vanille zum Püree geben
und kräftig unterrühren. Den Smoothie in ein Glas
füllen und die Erdbeere zur Dekoration an den
Glasrand stecken.

INFO

Das wunderbare Aroma der Vanille ist ein effek-
tives Mittel, um den Heißhunger auf Süßes zu
vertreiben. Denn es beeinflusst, genau wie
Süßes, die Ausschüttung des Glückshormons
Serotonin im Gehirn und befriedigt so auch
ohne Zucker die Lust auf Naschereien.

DIE HERZHAFTEN

Hier sollten Sie möglichst oft zugreifen. Denn bei diesen Smoothies spielt Gemüse die absolute Hauptrolle. Das sorgt nicht nur für ein würzig-kräftiges Aroma, sondern vor allem für jede Menge gesunde Nährstoffe, die Sie auf Ihrem Weg zur Wunschfigur unterstützen. Denn Vitamine, Mineralien und Bioaktivstoffe sind unverzichtbar für einen gut funktionierenden Stoffwechsel und eine optimale Fettverbrennung. Darüber hinaus können sie Ihren Körper vor Krankheiten schützen und halten mit vielen Ballaststoffen, aber kaum Zucker den Blutzuckerspiegel stabil. Das macht lange satt und beugt lästigen Heißhungerattacken vor.

GREEN POWER

50 g Babyspinat | ¼ reife Avocado | ½ kleiner grüner Apfel |
1 Stängel Basilikum | 1–2 TL Zitronensaft | 300 ml Mineral-
wasser mit Kohlensäure | 50 g Almased® | 1 TL Rapsöl | Basi-
likumblättchen und grob gemahlener schwarzer Pfeffer für
die Dekoration

Grüner Wachmacher

Für 1 Glas à 500 ml | 10 Min. Zubereitung
Pro Glas ca. 400 kcal, 30 g EW, 20 g F, 24 g KH

1 Spinat waschen und trocken schütteln. Das Avocadofruchtfleisch aus der Schale lösen und in Stücke schneiden. Den Apfel
waschen, entkernen und in Stücke schneiden. Basilikum waschen, trocken schütteln und die Blättchen vom Stiel zupfen.

2 Spinat, Avocado, Apfel und Basilikum mit Zitronensaft und
dem Mineralwasser in einem hohen Mixbecher oder Mixer fein
pürieren. Almased® und Öl zum Püree geben und kräftig unterrühren. Smoothie in ein großes Glas gießen, mit etwas Pfeffer
bestreuen, mit Basilikum dekorieren und genießen.

INFO

Spinat liefert reichlich Folsäure, die wichtig für den Zell-
stoffwechsel und bei vielen Menschen knapp ist. Roher Spinat enthält besonders viel hitzeempfindliches B-Vitamin.

VAMPIRE KISS

10 g Walnusskerne | ½ Knolle frische Rote Bete | 1 Möhre (ca. 100 g, mit Grün) | 4 – 5 EL Zitronensaft | 50 g Almased® | 1 TL Öl

Vitalstoffe satt

Für 1 Glas à 500 ml | 15 Min. Zubereitung
Pro Glas ca. 340 kcal, 30 g EW, 12 g F, 25 g KH

1 Die Walnüsse in einer Pfanne ohne Fett rösten, herausnehmen, abkühlen lassen und grob hacken. Die Rote Bete und die Möhre schälen und in Stücke schneiden. Etwas Möhrengrün zur Dekoration beiseitestellen.

2 Das Gemüse mit dem Zitronensaft, 300 ml Wasser und den gehackten Walnüssen, bis auf etwas zum Dekorieren, in einen leistungsstarken Mixer geben und fein pürieren.

3 Almased® und Öl zum Püree geben und kräftig unterrühren. Den Smoothie in ein Glas füllen, mit den restlichen Walnüssen bestreuen und mit dem Möhrengrün dekorieren.

TIPP

Wenn Sie keinen Hochleistungsmixer haben, der es schafft, den Drink wirklich smooth zu pürieren, verwenden Sie statt des frischen Gemüses 50 ml Rote-Bete-Saft und 100 ml Möhrensaft. Die Wassermenge sollten Sie dann auf 200–250 ml reduzieren.

FRISCHE BRISE

5 Radieschen mit Grün | ¼ Beet Kresse |
½ TL geriebener Meerrettich (Glas) | 200 ml Mineralwasser | 1 Spritzer Zitronensaft | 50 g Almased® | 1 EL Öl | frisch gemahlener schwarzer Pfeffer zum Dekorieren

Scharfer Muntermacher

Für 1 Glas à 300 ml | 10 Min. Zubereitung
Pro Glas ca. 290 kcal, 29 g EW, 11 g F, 18 g KH

1 Die Radieschen waschen und putzen. Die Kresse vom Beet schneiden, kalt abbrausen und abtropfen lassen.

2 Radieschen samt Grün, Kresse, bis auf etwas zum Dekorieren, Meerrettich, Mineralwasser und Zitronensaft in einen hohen Rührbecher oder einen Mixer geben und fein pürieren.

3 Almased® und Öl zum Püree geben und kräftig unterrühren. Den Smoothie in ein Glas geben und mit der übrigen Kresse und etwas frisch gemahlenem schwarzen Pfeffer dekorieren.

INFO
Radieschen, Kresse und Meerrettich regen durch ihre Senföle die Tätigkeit von Galle und Niere an und helfen so beim Entschlacken. Die Blätter von Radieschen haben einen frisch-scharfen Geschmack und bringen eine gute Portion Vitamin C und Chlorophyll in den Smoothie, beides Stoffe, die anregend wirken und unsere Zellen schützen können.

GEMÜSE-DUO

Zweifarbig eingeschichtet mit pinkfarbenem Rote-Bete-Smoothie und cremig-grünem Spinat-Avocado-Smoothie macht dieser Drink schon alleine beim Anschauen gute Laune.

½ Knolle frische Rote Bete
2 Stangen Staudensellerie
2 EL Zitronensaft
1 TL Öl
50 g Almased®
je 50 g Kopfsalat und
Babyspinat
2 Stängel Basilikum
¼ reife Avocado

Raffiniert

Für 1 Glas à 400 ml |
15 Min. Zubereitung
Pro Glas ca. 390 kcal,
31 g EW, 10 g F, 21 g KH

1 Die Rote Bete schälen und in Stücke schneiden. Den Staudensellerie waschen, entfädeln und in Stücke schneiden. Rote Bete, Sellerie und Zitronensaft mit 150 ml Wasser in einen hohen Rührbecher oder einen Mixer geben und fein pürieren. Das Öl sowie 25 g Almased® zum Püree geben und kräftig unterrühren. Den Smoothie zur Seite stellen.

2 Den Salat, den Spinat und das Basilikum waschen und trocken schütteln. Basilikumblättchen von den Stielen zupfen. Das Avocadofruchtfleisch aus der Schale lösen und in Stücke schneiden. Salat, Spinat, Basilikum und Avocado mit 150 ml Wasser in einen hohen Rührbecher oder Mixer geben und fein pürieren. Restliches Almased® zum Püree geben und kräftig unterrühren.

3 Den grünen Smoothie in ein Glas füllen. Den pinkfarbenen Smoothie noch mal durchrühren und vorsichtig auf den grünen Smoothie füllen. Dabei vermischen sich die beiden Schichten leicht, und es entsteht eine schöne Marmorierung. Langsam genießen und nach Belieben umrühren.

INFO Rote Bete ist das perfekte Gemüse für eine Entschlackungskur: Reichlich Kalium schwemmt überflüssiges Wasser aus, und Betain bringt die Entgiftungsorgane Leber und Galle auf Trab. Dazu sorgt die Rote Bete mit einer ordentlichen Portion Eisen für eine gute Sauerstoffversorgung der Körperzellen und wirkt belebend.

ITALO-DREAM

1 TL (8 g) Pinienkerne | 3 grüne Spargelstangen (ca. 75 g) |
30 g Rucola | 100 ml ungesüßter Tomatensaft | 1 TL grünes
Pesto (5 g; Glas; ohne künstliche Zusätze) | 50 g Almased® |
Basilikumblättchen für die Dekoration

Schön würzig

Für 1 Glas à 400 ml | 15 Min. Zubereitung
Pro Glas ca. 340 kcal, 30 g EW, 15 g F, 21 g KH

1 Die Pinienkerne in einer kleinen Pfanne ohne Fett goldbraun
rösten, herausnehmen und abkühlen lassen. Die Spargelstangen
waschen. Holzige Enden entfernen, Stangen im unteren Drittel
schälen und in Stücke schneiden. Den Rucola waschen, trocken
schütteln und grobe Stiele entfernen.

2 Spargel, Rucola, Pinienkerne, bis auf einige zum Dekorieren,
Tomatensaft und 150 ml Wasser in einen hohen Rührbecher oder
einen Mixer geben und fein pürieren.

3 Pesto und Almased® zum Püree geben und kräftig unterrühren. Den Smoothie in ein Glas füllen und mit übrigen Pinienker-
nen und Basilikumblättchen dekorieren. Langsam genießen.

MÖHREN-BRUNNENKRESSE-SMOOTHIE

50 g Brunnenkresse | 25 g Mango | 100 ml ungesüßter Möhrensaft | 1 – 2 EL Zitronensaft | 50 g Almased® | 1 EL Öl

Reich an Beta-Karotin

Für 1 Glas à 400 ml | 10 Min. Zubereitung
Pro Glas ca. 310 kcal, 29 g EW, 11 g F, 23 g KH

1 Die Brunnenkresse waschen, trocken schütteln und die Blättchen von den Stielen zupfen. Die Mango schälen und anschließend das Fruchtfleisch in Stücke schneiden.

2 Brunnkresse, Mango, Möhrensaft, Zitronensaft und 150 ml Wasser in einen hohen Rührbecher oder einen Mixer geben und fein pürieren.

3 Almased® und Öl zum Püree geben und kräftig unterrühren. Den Smoothie in ein Glas füllen und langsam genießen.

TIPP
Wenn Sie keine Brunnenkresse bekommen, können Sie ersatzweise eine Mischung aus Babyspinat und Gartenkresse verwenden.

TOMATO PLUS

50 g Erdbeeren | 1 Stängel Basilikum | 150 ml
Tomatensaft | 50 g Almased® | 1 EL Öl | 1 Schuss
(ca. ½ TL) guter Aceto Balsamico | Eiswürfel
(nach Belieben) | Basilikumblättchen für die
Dekoration

Heißhunger-Killer

Für 1 Glas à 400 ml | 10 Min. Zubereitung
Pro Glas ca. 310 kcal, 29 g EW, 11 g F, 22 g KH

1 Die Erdbeeren waschen, putzen und klein
schneiden. Das Basilikum waschen, trocken schütteln und die Blättchen vom Stängel zupfen.

2 Erdbeeren, Basilikum, Tomatensaft und 100 ml
Wasser in einen hohen Rührbecher oder einen Mixer geben und fein pürieren.

3 Almased® und Öl zum Püree geben und kräftig
unterrühren. Den Smoothie mit etwas Balsamico-
Essig abschmecken, in ein Glas füllen und mit Basilikumblättchen garnieren. Nach Belieben noch
2–3 Eiswürfel zugeben, denn der Smoothie
schmeckt auch eiskalt sehr gut.

TIPP
Besonders raffiniert wird der Smoothie, wenn
Sie noch zusätzlich ½ TL eingelegten grünen
Pfeffer untermixen.

PIKANTE GURKE

⅓ Salatgurke (ca. 125 g) | ½ Beet Gartenkresse |
200 ml eisgekühlte Buttermilch | ca. ½ TL Wasabipaste
(je nach Schärfegrad der Paste und gewünschter Schärfe) |
50 g Almased® | 1 EL Sojaöl | frisch gemahlener schwarzer
Pfeffer für die Dekoration

Erfrischend und scharf

Für 1 Glas à 400 ml | 10 Min. Zubereitung
Pro Glas ca. 350 kcal, 35 g EW, 12 g F, 25 g KH

1 Die Gurke waschen, trocken reiben und in Stücke schneiden.
Kresse vom Beet schneiden, kalt abbrausen und trocken tupfen.
Beides mit der Buttermilch und der Wasabipaste in einen hohen
Rührbecher oder einen Mixer geben und fein pürieren.

2 Almased® und Öl zum Püree geben und kräftig unterrühren.
Smoothie in ein Glas füllen, mit etwas Pfeffer bestreuen und sofort servieren, denn kalt schmeckt er am besten.

INFO

Wasabi ist eine grüne, japanische Meerettichvariante. Sie
finden ihn als Paste in einer kleinen Tube in gut sortierten
Supermärkten oder Asialäden. Er ist reich an ätherischen
Senfölen, die unsere Verdauung anregen und den Stoffwechsel in Schwung bringen.

AVOCADO-SPINAT-SMOOTHIE

75 g Babyspinat | ¼ Bund Kerbel | ¼ reife Avocado | 2 TL Limettensaft | 50 g Almased® | 1 TL Öl | 1 Prise geriebene Muskatnuss | etwas Kerbel für die Dekoration

Extra wenig Kohlenhydrate

Für ein Glas à 400 ml | 10 Min. Zubereitung
Pro Glas ca. 360 kcal, 30 g EW, 19 g F, 16 g KH

1 Den Spinat und den Kerbel waschen und trocken schütteln. Die Blättchen des Kerbels von den Stielen zupfen. Das Avocado-Fruchtfleisch aus der Schale lösen und in Stücke schneiden.

2 Spinat, Kerbel, Avocado, Limettensaft sowie 200 ml Wasser in einen hohen Rührbecher oder Mixer geben und fein pürieren.

3 Almased® und Öl zum Püree geben und kräftig unterrühren. Den Smoothie mit etwas Muskatnuss abschmecken und in ein Glas geben. Mit etwas Kerbel garnieren und servieren.

INFO

Avocados sind reich an hochwertigen mehrfach ungesättigten Fettsäuren. Die tun unserem Herz-Kreislauf-System gut und regen den Stoffwechsel an. So machen sie in angemessener Menge fit statt dick. Außerdem sind sie gute Vitamin-E-Lieferanten, was sie zu wahren Hautschmeichlern macht.

SCHARFES MÖHRCHEN

1 TL Kokosöl | ¼ TL Currypulver | 150 ml un-
gesüßter Möhrensaft | 50 ml fettreduzierte
ungesüßte Kokosmilch | 1 EL Limettensaft |
1 walnussgroßes Stück Ingwer (ca. 10 g) |
50 g Almased® | Currypulver für die Dekoration

Ein Hauch von Asien

Für 1 Glas à 300 ml | 10 Min. Zubereitung
Pro Glas ca. 320 kcal, 28 g EW, 12 g F, 23 g KH

1 Das Kokosöl in einer kleinen Pfanne erhitzen
und das Currypulver darin kurz anschwitzen. Vom
Herd nehmen und abkühlen lassen.

2 Möhrensaft mit Kokosmilch, Limettensaft und
50 ml Wasser verrühren. Den Ingwer schälen und
mit einer sehr feinen Reibe zur Flüssigkeit reiben.
Wer keine sogenannte Mikroreibe hat, würfelt den
Ingwer möglichst klein und püriert ihn hinterher in
der Flüssigkeit.

3 Almased® und Curry-Öl zum Drink geben und
kräftig unterrühren. Smoothie in ein Glas füllen,
mit etwas Currypulver bestäuben und genießen.

TIPP

Ingwer heizt dem Stoffwechsel und der Fettverbrennung mit seinen Scharfstoffen kräftig ein.
Diese Wirkung können Sie auch mit Ingwertee
nutzen. Dazu pro Tasse 1 haselnussgroßes
Stück Ingwer klein schneiden, mit kochendem
Wasser überbrühen und zugedeckt ca. 10 Min.
ziehen lassen. Nach Belieben mit etwas Limet-
ten- oder Zitronensaft abschmecken.

HOT PEPPER

Perfekte Schlank-Kombi: Die Ballaststoffe der Paprika kombiniert mit hochwertigem Eiweiß machen richtig satt, und die Ajvar-Schärfe sorgt für Glücksgefühle.

je ½ kleine rote und gelbe
Paprikaschote
100 g Magerquark
100 ml kohlensäurehaltiges
Mineralwasser
1–2 TL scharfes Ajvar
(pikante Paprikapaste)
50 g Almased®
1 EL Öl
1 TL gehackte Petersilie für
die Dekoration

Besonders eiweißreich

Für 1 Glas à 400 ml |
10 Min. Zubereitung
Pro Glas ca. 380 kcal,
43 g EW, 12 g F, 25 g KH

1 Paprika, Quark, Mineralwasser und Ajvar in einen hohen Rührbecher oder einen Mixer geben und fein pürieren.

2 Almased® und Öl zum Püree geben und kräftig unterrühren. Nach Belieben den Smoothie noch mit etwas Wasser verdünnen. Den Smoothie in ein Glas füllen, mit der gehackten Petersilie bestreuen und genießen.

TIPP

Die Schale der Paprika ist relativ schwer verdaulich und bereitet deshalb manchen Menschen Probleme. Wenn Sie einen empfindlichen Magen haben, können Sie die Schale der Schoten vor dem Kleinschneiden mit einem Sparschäler entfernen. Das macht das Gemüse bekömmlicher.

GREEN COCO

100 g Baby-Salat-Mix | 3 Stängel Koriander | 1 Kiwi | 50 g fett-reduzierte ungesüßte Kokosmilch | ¼ – ½ TL grüne Thai-Currypaste (gut sortierter Supermarkt oder Asialaden; Menge je nach Schärfegrad der Paste und gewünschter Schärfe) | 50 g Almased® | 1 TL Öl

Würziger Scharfmacher

Für 1 Glas à 400 ml | 15 Min. Zubereitung
Pro Glas ca. 320 kcal, 29 g EW, 12 g F, 22 g KH

1 Den Salat-Mix und den Koriander waschen und trocken schütteln. Korianderblättchen von den Stängeln zupfen. Die Kiwi schälen und in Stücke schneiden.

2 Salat, bis auf einige Blätter zur Dekoration, Koriander, Kiwi, Kokosmilch, Currypaste und 100 – 150 ml Wasser in einen hohen Rührbecher oder Mixer geben und fein pürieren. Almased® und Öl zum Püree geben und kräftig unterrühren. Den Smoothie in ein Glas füllen und mit den übrigen Salatblättern dekorieren. Schluck für Schluck genießen.

INFO

Thai-Currypasten gibt es in verschiedenen Varianten mit unterschiedlichen Schärfegraden. Die grüne Currypaste ist besonders feurig. Die Paste hält sich im Kühlschrank einige Monate und kann auch portionsweise eingefroren werden.

GAZPACHO-SMOOTHIE

Genau wie die beliebte spanische Sommersuppe mit viel Gemüse schmeckt auch dieser
Smoothie am besten, wenn Sie ihn möglichst kalt genießen.

⅓ Salatgurke
je ½ rote und grüne
Paprikaschote
150 ml ungesüßter
kalter Tomatensaft
50 g Almased®
1 EL Olivenöl
½ TL guter Aceto Balsamico
etwas Chilipulver und
schwarzer Pfeffer
Eiswürfel (nach Belieben)

Smoothie olé!

Für 1 Glas à 500 ml |
10 Min. Zubereitung
Pro Glas ca. 330 kcal,
30 g EW, 12 g F, 25 g KH

1 Die Gurke waschen, putzen und in Stücke schneiden. Die Paprikaschoten putzen, waschen und in Stücke schneiden.

2 Das Gemüse mit Tomatensaft und 100 ml Wasser in einen hohen Rührbecher oder Mixer geben und fein pürieren.

3 Almased® und Öl zum Püree geben und kräftig unterrühren. Den Gazpacho-Smoothie mit Balsamico, Chilipulver und Pfeffer würzig abschmecken. Nach Belieben mit Eiswürfeln servieren.

TIPP

Besonders würzig wird der Smoothie, wenn Sie noch 1 klein geschnittene Frühlingszwiebel und ½ Knoblauchzehe zugeben und unter den Tomatensaft mixen.

GRÜNER BLITZ

½ TL Matcha-Grünteepulver (ersatzweise 1 Beutel grüner Tee) | ¼ kleiner Spitzkohl (ca. 125 g) | 2 Stangen Staudensellerie | ¼ grüner Apfel | 2 – 3 Msp. gemahlener Kreuzkümmel | 50 g Almased® | 1 EL Öl | etwas Selleriegrün für die Dekoration

Reich an Antioxidantien

Für 1 Glas à 500 ml | 15 Min. Zubereitung
Pro Glas ca. 320 kcal, 30 g EW, 12 g F, 23 g KH

1 Das Matcha-Pulver mit 50 ml Wasser kräftig verrühren. Alternativ den Teebeutel mit 250 ml heißem Wasser übergießen, 2 – 3 Min. ziehen lassen und anschließend abkühlen lassen.

2 Den Spitzkohl waschen, putzen und in Streifen vom Strunk schneiden. Den Sellerie waschen, putzen, entfädeln und in Stücke schneiden. Den Apfel waschen, entkernen und in Stücke schneiden.

3 Kohl, Sellerie, Apfel, Kreuzkümmel, angerührtes Matcha-Pulver und 200 ml Wasser oder die 250 ml Grüntee in einen hohen Rührbecher oder in einen Mixer geben und alles fein pürieren.

4 Almased® und Öl zum Püree geben und kräftig unterrühren. Den Smoothie in ein Glas füllen und mit Selleriegrün garnieren. Anschließend den Smoothie Schluck für Schluck »kauen«, das erhöht die Sättigungswirkung.

INFO
Der milde Spitzkohl ist die bekömmlichste Sorte in der Familie der Kohlköpfe. Deshalb lässt er sich auch gut roh genießen. Die ätherischen Öle des Kreuzkümmels unterstützen eine gute Verdaulichkeit zusätzlich.

POPEYE'S SMOOTHIE

100 g Babyspinat | ⅓ Salatgurke | ¼ reife
Birne | 2 EL Orangensaft | 1 TL geschrotete Gold-
Leinsamen (erhältlich im Bioladen, Drogerie
oder Reformhaus) | 50 g Almased® | 1 EL Öl

Grüner Smoothie für Anfänger

Für 1 Glas à 500 ml | 10 Min. Zubereitung
Pro Glas ca. 340 kcal, 31 g EW, 13 g F, 23 g KH

1 Den Spinat waschen und trocken schütteln. Das
Gurkenstück waschen, putzen und in kleine Stücke
schneiden. Die Birne waschen, entkernen und
klein schneiden.

2 Spinat, Gurke, Birne, Orangensaft, Leinsamen
und 150–200 ml Wasser in einen hohen Rührbecher oder in einen Mixer geben und fein pürieren.

3 Almased® und Öl zum Püree geben und kräftig
unterrühren. Den Smoothie in ein Glas geben und
langsam genießen.

INFO
Das sanfte Aroma der Birne und die Süße des
Orangensaftes gleichen den etwas herben Spi-
natgeschmack aus – ideal für alle, die sich neu
an das Thema grüne Smoothies wagen.

VITAMIN-BOMBE

½ kleiner Fenchel (ca. 125 g) | 75 g Grünkohl | 2 Stängel Petersilie | ½ Orange | 1 TL ungesüßter Sanddornsaft (Reformhaus oder Drogerie) | 50 g Almased® | 1 EL Öl

Macht die Abwehr stark

Für 1 Glas à 500 ml | 15 Min. Zubereitung
Pro Glas ca. 340 kcal, 32 g EW, 12 g F, 25 g KH

1 Den Fenchel waschen, putzen und samt Grün in Stücke schneiden. Den Grünkohl waschen, trocken schütteln und harte Blattrippen entfernen. Die Blätter grob hacken. Die Petersilie waschen, trocken schütteln und die Blättchen von den Stängeln zupfen. Orange schälen und in die einzelnen Segmente teilen.

2 Fenchel, Grünkohl, Petersilie, Orange, Sanddornsaft und 150 ml Wasser in einen hohen Rührbecher oder in einen Mixer geben und fein pürieren. Almased® und Öl zum Püree geben und kräftig unterrühren. Smoothie in ein Glas füllen und genießen.

INFO
Grünkohl ist ein absolutes Superfood. Denn er strotzt nur so vor Vitaminen, Mineralien und Antioxidantien. So hilft er Ihrem Körper bei der Abwehr von Krankheiten. Fenchel, Orangen und Sanddorn sind Vitamin-C-Stars, die den Kohl dabei effektiv unterstützen.

ERBSEN-MINZE-SMOOTHIE

Das grüne Trio aus mild-süßlichen Erbsen, frischer Minze und nussigen Pistazien ist ein echter Gewinn. Mit etwas Buttermilch und spritziger Zitrone wird der Mix abgerundet.

50 g tiefgekühlte Erbsen
3 – 4 Stängel Minze
10 g Pistazienkerne
50 ml Buttermilch
1 EL Zitronensaft
50 g Almased®
1 TL Öl

Milder Verführer

Für 1 Glas à 300 ml |
15 Min. Zubereitung
Pro Glas ca. 320 kcal, 31 g EW,
11 g F, 23 g KH

1 Die Erbsen mit kochendem Wasser übergießen und dann ca. 5 Min. ziehen lassen, bis sie aufgetaut sind. Inzwischen die Minze waschen, trocken schütteln und die Blättchen von den Stängeln zupfen. Die Pistazienkerne grob hacken. Die Erbsen abgießen.

2 Erbsen, Minze, bis auf einige Blättchen zum Garnieren, Pistazien, bis auf einige zum Garnieren, Buttermilch, 150 ml Wasser und Zitronensaft in einen hohen Rührbecher oder einen Mixer geben und fein pürieren.

3 Almased® und Öl zum Püree geben und kräftig unterrühren. Den Smoothie in ein Glas füllen und mit der übrigen Minze und den übrigen Pistazienkernen garnieren.

INFO

Pistazien sind kleine Kraftpakete, die in Sachen Gesundheit richtig punkten: Ihre mehrfach ungesättigten Fette schützen das Herz und die Blutgefäße, eine gute Portion B-Vitamine stärkt die Nerven, ihre Ballaststoffe machen satt und halten den Blutzuckerspiegel stabil, während sich ihre Polyphenole um das Wohl unserer Körperzellen kümmern.

SELLERIE-JOGHURT-SMOOTHIE

50 g Ananas | 50 g Staudensellerie | 50 g Römersalat |
100 g fettarmer Joghurt | 50 g Almased® | 1 EL Öl

Pusht den Stoffwechsel

Für 1 Glas à 400 ml | 15 Min. Zubereitung
Pro Glas ca. 350 kcal, 32 g EW, 13 g F, 24 g KH

1 Die Ananas schälen und klein schneiden. Den Staudensellerie waschen, putzen, entfädeln und in Stücke schneiden. Den Salat waschen, trocken schütteln und die Blätter grob zerteilen.

2 Sellerie, Salat, Joghurt und 100 ml Wasser in einen hohen Rührbecher oder in einen Mixer geben und fein pürieren. Jetzt erst die Ananas zugeben und kurz untermixen.

3 Almased® und Öl zum Püree geben und kräftig unterrühren. Den Smoothie in ein Glas füllen und sofort genießen.

TIPP

Lassen Sie diesen Smoothie nicht lange stehen. Denn sonst können die Enzyme der frischen Ananas mit dem Eiweiß des Joghurts reagieren, und das Getränk bekommt einen metallisch-bitteren Beigeschmack. Wenn Sie den Smoothie mitnehmen wollen, sollten Sie die Ananas pürieren und erst kurz vor dem Genuss unter den Smoothie rühren.

FRÜHLINGS-SMOOTHIE

Die schöne rosa Farbe macht gleich gute Laune, und auch die inneren Werte überzeugen:
Der weiße Spargel wirkt entwässernd und tut der Darmflora gut.

50 g weißer Spargel
(ca. 2 Stangen)
1 kleiner Kohlrabi
(ca. 300 g)
50 g Himbeeren
1–2 TL Zitronensaft
50 g Almased®
1 EL Öl
1 TL frisch gehackter Kerbel
für die Dekoration

Wirkt entschlackend

Für 1 Glas à 400 ml |
15 Min. Zubereitung
Pro Glas ca. 340 kcal,
32 g EW, 11 g F, 25 g KH

1 Den Spargel waschen und die holzigen Enden entfernen. Die Stangen dünn schälen und in Stücke schneiden. Den Kohlrabi schälen, waschen und in Stücke schneiden.

2 Spargel, Kohlrabi, Himbeeren, Zitronensaft und 200 ml Wasser in einen hohen Rührbecher oder Mixer geben und fein pürieren.

3 Almased® und Öl zum Püree geben und kräftig unterrühren. Den Smoothie in ein Glas füllen, mit dem Kerbel bestreuen und Schluck für Schluck genießen.

WÜRZIGER MANGOLD-SMOOTHIE

Bei dieser Mischung sorgen die Leinsamen nicht nur für etwas Biss,
sondern auch für extra Ballaststoffe und gesunde Fettsäuren.

100 g Mangold
50 g Ananas
1 TL geschrotete Gold-Leinsamen (erhältlich in Bioladen,
Drogerie oder Reformhaus)
50 g Almased®
1 EL Öl
etwas Kurkumapulver

Regt die Verdauung an

Für 1 Glas à 400 ml |
15 Min. Zubereitung
Pro Glas ca. 320 kcal,
30 g EW, 13 g F, 19 g KH

1 Den Mangold waschen, trocken schütteln und grob hacken. Die Ananas schälen und klein schneiden.

2 Mangold, Ananas, Leinsamen und 200 ml Wasser in einen hohen Rührbecher oder in einen Mixer geben und fein pürieren.

3 Almased®, Öl sowie etwas Kurkumapulver zum Püree geben und kräftig unterrühren. Den Smoothie in ein Glas füllen und Schluck für Schluck genießen.

TIPP

Wenn Sie keinen Mangold bekommen, können Sie auch Spinat stattdessen verwenden.

SALAT-SMOOTHIE

50 g Feldsalat | 1 Staude Chicorée (ca. 150 g) |
¼ Apfel | 1 EL (15 g) saure Sahne (10 % Fett) |
50 g Almased® | 1 EL Öl | 1 Prise Kardamom-
pulver

Vertreibt Heißhunger

Für 1 Glas à 400 ml | 15 Min. Zubereitung
Pro Glas ca. 350 kcal, 31 g EW, 13 g F, 25 g KH

1 Den Salat waschen, putzen und trocken schütteln. Den Chicorée waschen, Außenblätter entfernen,den Strunk keilförmig heraus- und die Blätter in grobe Stücke schneiden. Den Apfel waschen,
entkernen und in Stücke schneiden.

2 Salat, Chicorée, Apfel, saure Sahne und 200 ml
Wasser in einen hohen Rührbecher oder in einen
Mixer geben und fein pürieren.

3 Almased®, Öl und Kardamom zum Püree geben
und kräftig unterrühren. Den Smoothie in ein Glas
füllen und langsam genießen.

INFO
Feldsalat ist eine der nährstoffreichsten Salat-
sorten. Besonders mit Beta-Karotin, Vitamin C,
Folsäure, Eisen und Mineralstoffen kann er
überzeugen. Am Chicorée sind vor allem die
Bitterstoffe interessant, die Wunder wirken ge-
gen Heißhungerattacken und die der Verdauung auf die Sprünge helfen.

BROKKOLI-CASHEW-SMOOTHIE

20 g Cashewkerne | 200 ml warme salzarme Gemüsebrühe | 100 g Brokkoli | 2 Stängel Petersilie | 50 g Almased® | 1 TL Öl

Die Kerne machen´s

Für 1 Glas à 400 ml | 15 Min. Zubereitung
Pro Glas ca. 340 kcal, 30 g EW, 12 g F, 25 g KH

1 Die Cashewkerne in die Gemüsebrühe geben und bis zur Verwendung einweichen.

2 Den Brokkoli waschen und in kleine Röschen teilen. Die Petersilie waschen, trocken schütteln und die Blättchen von den Stängeln zupfen.

3 Brokkoli, Petersilie und Gemüsebrühe samt Cashewkernen in einen hohen Rührbecher oder einen Mixer geben und fein pürieren.

4 Almased® und Öl zum Püree geben und kräftig unterruhren. Den fertigen Smoothie in ein Glas füllen und langsam trinken.

TIPP

Nur mit einem Hochleistungsmixer wird dieser Smoothie schön cremig. Ist Ihr Mixer oder Stabmixer zu schwach, bleibt der Smoothie recht stückig. Wenn Sie das nicht mögen, können Sie die Cashewkerne über Nacht in der Brühe einweichen und den Brokkoli ca. 5 Min. dämpfen. So lassen sich beide Zutaten viel leichter und cremig-fein zerkleinern.

DIE CREMIGEN

Milchprodukte wie Joghurt, Quark, Ricotta oder körniger Frischkäse, aber auch Pflanzliches wie Avocado oder Nussmuss sorgen hier für besonders cremige Smoothies. Die überzeugen, mal fruchtig-süß, mal pikant-würzig, garantiert nicht nur Ihren Gaumen, sondern sorgen mit einer Extra-Portion Eiweiß und hochwertigem Fett auch für eine gute Sättigung und regen den Stoffwechsel an. Jetzt müssen Sie sich nur entscheiden, welchen Sie als erstes probieren wollen ...

FROZEN MANGO JOGHURT

Durch gefrorene Mangostücke wird diese Almased®-Variante im Handumdrehen zum Frozen Joghurt. Der dickflüssige Smoothie lässt sich ganz nach Geschmack auch löffeln.

50 g tiefgekühlte Mangostücke
1 Stängel Zitronenmelisse
200 g fettarmer Joghurt
50 g Almased®
1 EL Öl

Eiskalter Genuss

Für 1 Glas à ca. 250 ml |
10 Min. Zubereitung
Pro Glas ca. 390 kcal,
34 g EW, 14 g F, 28 g KH

1 Die Mangostücke in einen hohen Rührbecher oder einen Mixer geben und bei Zimmertemperatur ca. 5 Min. antauen lassen.

2 Inzwischen die Zitronenmelisse waschen, trocken schütteln und die Blättchen vom Stängel zupfen. Den Joghurt mit Almased®, Öl und 50 ml Wasser in eine kleine Schüssel geben und mit einem Schneebesen glatt rühren.

3 Joghurtmasse und Zitronenmelisse, bis auf 1 – 2 Blättchen zum Garnieren, zu den Mangostücken geben und alles fein pürieren, bis eine cremig-kalte Masse entstanden ist. Die Masse in ein Schälchen geben, mit den übrigen Zitronenmelisse-Blättchen garnieren und sofort servieren.

TIPP Statt Mango können Sie auch die gleich Menge gefrorene Beeren für den Frozen Joghurt verwenden.

GUACAMOLE-CREME

Hier gibt's mal was auf den Löffel, und zwar eine fein abgeschmeckte Creme mit viel satt-
machendem Eiweiß aus Quark und gesundem Fett aus der Avocado.

¼ kleine, reife Avocado
100 g Magerquark
1–2 TL Limettensaft
50 g Almased®
Kreuzkümmel
1 Tomate
schwarzer Pfeffer
etwas Chilipulver

Viva Mexiko

Für 1 Schale à ca. 250 ml |
15 Min. Zubereitung
Pro Glas ca. 410 kcal,
42 g EW, 17 g F, 21 g KH

1 Das Fruchtfleisch der Avocado aus der Schale lösen und in Stücke schneiden. Mit dem Quark, 1 TL Limettensaft und 2–3 EL Wasser in einen Rührbecher geben und fein pürieren. Almased® zugeben und mit einem Schneebesen kräftig unterrühren. Die Creme mit etwas Kreuzkümmel abschmecken.

2 Die Tomate waschen, vierteln, vom Stielansatz befreien, entkernen und das Fruchtfleisch in sehr kleine Würfel schneiden. Tomatenwürfel mit etwas Limettensaft verrühren und mit Pfeffer und Chili pikant abschmecken.

3 Die Guacamole-Creme in eine Schüssel geben und die Tomatensalsa darauf verteilen. Löffel für Löffel genießen.

TIPP
Die Guacamole-Creme lässt sich prima mitnehmen, z. B. zur Arbeit. Dafür sollten Sie Creme und Tomatensalsa allerdings getrennt verpacken.

BEEREN-SMOOTHIE

75 g rote Beeren (z. B. Erdbeeren, Himbeeren, rote Johannis-
beeren) | 150 g fettarmer körniger Frischkäse (0,8 % Fett) |
ausgekratztes Mark von ¼ Vanilleschote oder 1 – 2 Msp. Va-
nilleextrakt | 50 g Almased® | 1 EL Öl | einige Blättchen Zitro-
nenmelisse und 1 Rispe Johannisbeeren für die Deko

Besonders eiweißreich

Für 1 Glas à 400 ml | 10 Min. Zubereitung
Pro Glas ca. 390 kcal, 48 g EW, 12 g F, 20 g KH

1 Die Beeren waschen, trocken tupfen und je nach Sorte putzen
und in Stücke schneiden oder von den Rispen zupfen.

2 Den Frischkäse mit Vanillemark, Beeren und ca. 100 ml Wasser in einen hohen Rührbecher oder einen Mixer geben und fein
pürieren, bis ein relativ dickflüssiger Shake entstanden ist.

3 Almased® und Öl zum Shake geben und kräftig unterrühren.
Den Shake in ein Glas füllen und mit Zitronenmelisse und der Jo-
hannisbeerrispe garnieren.

TIPP

Der Shake schmeckt auch sehr gut eisgekühlt. Dazu den fertigen Shake für ca. 15 Min. ins Gefrierfach stellen und vor
dem Servieren noch mal kurz durchmixen.

HIMBEER-KEFIR

50 g Himbeeren | 150 ml fettarmer Kefir (1,5 % Fett) | 1 EL Lucumapulver | 50 g Almased® | 1 EL Rapsöl

Blitzschnell

Für 1 Glas à 300 ml | 5 Min. Zubereitung
Pro Glas ca. 360 kcal, 33 g EW, 13 g F, 24 g KH

1 Die Himbeeren mit dem Kefir und dem Lucumapulver in einen hohen Rührbecher oder in einen Mixer geben und fein pürieren.

2 Almased® und Öl zum Püree geben und kräftig unterrühren. Den Smoothie in ein Glas füllen und langsam genießen.

INFO
Lucuma, eine Frucht aus den südamerikanischen Anden, hat einen natürlich süßen Geschmack, aber einen niedrigen glykämischen Index. Wegen ihrer Vitalstoffe (Beta-Karotin, Eisen, Ballaststoffe, Vitamine B1, B2 und B3) gehört sie zu den Superfoods. Bei uns ist sie als Pulver in gut sortierten Bioläden und Reformhäusern oder im Internet erhältlich.

APRIKOSEN-SMOOTHIE

1 Aprikose (50 g) | 5 g süße Aprikosenkerne (ca. 10 Stück; ersatzweise ungeschälte Mandeln) | 100 g Ricotta (45 % Fett i.Tr; ersatzweise Magerquark) | 1 – 2 Tropfen Bittermandel-Aromaöl | 50 g Almased®

Macht gute Laune

Für 1 Glas à 300 ml | 10 Min. Zubereitung
Pro Glas ca. 390 kcal, 36 g EW, 17 g F, 23 g KH

1 Die Aprikose waschen, halbieren und entkernen. Das Fruchtfleisch in Stücke schneiden. Die Aprikosenkerne, bis auf 2 – 3 Stück, grob hacken.

2 Aprikosenfruchtfleisch, Aprikosenkerne, Ricotta, Bittermandel-Aromaöl und 150 ml Wasser in einen hohen Rührbecher oder in einen Mixer geben und fein pürieren.

3 Almased® zum Püree geben und kräftig unterrühren. Den Smoothie in ein Glas füllen und mit den restlichen Aprikosenkernen bestreuen. Schluck für Schluck genießen.

INFO
Dieser Smoothie wird ohne Zugabe von Öl gemacht. Denn das Milchfett aus dem Ricotta und das hochwertige Pflanzenfett aus den Aprikosen- bzw. Mandelkernen liefert bereits die nötige Menge Fett für eine gute Versorgung und eine langanhaltende Sättigung.

BLUEBERRY-CHEESECAKE-SMOOTHIE

Ein Smoothie, der schlank macht, aber trotzdem wie ein Lieblingskuchen schmeckt? Wenn Sie glauben, dass das nicht geht, wird Sie dieses Rezept vom Gegenteil überzeugen.

75 g Blaubeeren
100 g Magerquark
150 g Buttermilch
ausgekratztes Mark von
¼ Vanilleschote oder
1 – 2 Msp. Vanilleextrakt
1 TL Mandelmehl
50 g Almased®
1 TL Öl

Hilft bei Diät-Durchhängern

Für 1 Glas à ca. 400 ml |
10 Min. Zubereitung
Pro Portion ca. 410 g,
47 g EW, 10 g F, 29 g KH

1 Die Blaubeeren waschen, trocken tupfen und verlesen. Den Quark mit Buttermilch, Vanille, Mandelmehl und Blaubeeren, bis auf einige zum Verzieren, in einen hohen Rührbecher oder einen Mixer geben und fein pürieren.

2 Almased® und Öl zum Püree geben und kräftig unterrühren. Nach Belieben den dickflüssigen Shake noch mit etwas Wasser verdünnen. Den Shake in ein Glas geben und mit den übrigen Blaubeeren bestreut servieren.

VARIANTE ZUM LÖFFELN

Sie wollen lieber mal löffeln? Nichts leichter als das: Rühren Sie 200 g Quark und 50 ml Buttermilch mit allen übrigen Zutaten, außer den Beeren, zu einer Creme. Die Creme in einer Schale anrichten und mit den Blaubeeren bestreuen.

SCHWARZWÄLDER-KIRSCH-SMOOTHIE

50 g Sauerkirschen | 100 g Magerquark | 50 ml fettarme
Milch (1,5 % Fett) | 1 gehäufter TL ungesüßtes Kakaopulver |
50 g Almased® | 1 EL Öl | 1 Kirsche für die Dekoration

Süßer Klassiker mal anders

Für 1 Glas à ca. 400 ml | 10 Min. Zubereitung
Pro Portion ca. 400 kcal, 44 g EW, 13 g F, 26 g KH

1 Die Kirschen waschen, abtropfen lassen und entsteinen.

2 Den Quark mit Milch, Kakao, Kirschen und 50 – 100 ml Wasser
in einem hohen Rührbecher oder Mixer fein pürieren.

3 Almased® und Öl zum Püree geben und kräftig unterrühren.
Den Smoothie in ein Glas füllen und mit der Kirsche garnieren.

TIPP

Außerhalb der Kirschenzeit können Sie natürlich tiefgekühlte Sauerkirschen oder Sauerkirschen aus dem Glas verwenden. Achten Sie dabei darauf, dass die Kirschen nicht
zusätzlich gesüßt bzw. in Zuckersirup eingelegt sind.

GRÜNER PFIRSICH

Auch wenn Sie kein Spinat-Fan sind: Diese Mischung müssen Sie probieren! Seidentofu, Kokosmilch, Pfirsich und Pistazien drängen das herbe Gemüsearoma in den Hintergrund.

1 TL gehackte Pistazienkerne
1 kleiner Pfirsich (100 g)
50 g Babyspinat
100 g Seidentofu
50 ml fettarme
ungesüßte Kokosmilch
50 g Almased®
1 TL Öl
einige angeröstete gehackte
Pistazienkerne und 1 Pfirsichspalte für die Dekoration

Raffiniert

Für 1 Glas à ca. 300 ml |
15 Min. Zubereitung
Pro Portion ca. 400 kcal,
36 g EW, 17 g F, 27 g KH

1 Die Pistazienkerne in einer kleinen Pfanne ohne Fett kurz anrösten, herausnehmen und abkühlen lassen. Den Pfirsich waschen, trocken reiben und entsteinen. Das Fruchtfleisch in Stücke schneiden. Den Spinat waschen und abtropfen lassen.

2 Den Seidentofu mit Kokosmilch, Pfirsichfruchtfleisch, Spinat, Pistazien, bis auf einige zum Dekorieren, und 100 ml Wasser in einem hohen Rührbecher oder Mixer fein pürieren.

3 Almased® und Öl zum Püree geben und kräftig unterrühren. Den Smoothie in ein Glas geben und mit übrigen Pistazienkernen und der Pfirsichspalte dekorieren.

INFO

Seidentofu ist eine besonders weiche Tofuvariante, die sich prima für cremige Getränke oder Desserts eignet, aber auch gewürfelt als Einlage in Suppen und Eintöpfen schmeckt. Er ist eiweißreich, aber fettarm und im Kühlregal von Asia- und Bioläden oder gut sortierten Supermärkten zu finden. Wenn Sie ihn nicht bekommen, können Sie für diesen Smoothie ersatzweise Magerquark verwenden.

CREMIGER GURKEN-MOJITO

½ Bio-Salatgurke | 4 Stängel Minze | 100 ml kalte Buttermilch | 100 g fettarmer Joghurt (1,5 % Fett) | Saft und abgeriebene Schale von ½ Bio-Limette | 50 g Almased® | 1 EL Öl | 1 dünne Limettenscheibe für die Dekoration

Erfrischung

Für 1 Glas à ca. 350 ml | 10 Min. Zubereitung
Pro Portion ca. 370 kcal, 35 g EW, 13 g F, 26 g KH

1 Die Gurke waschen, trocken reiben und in Stücke schneiden. Die Minze waschen, trocken schütteln und anschließend die Blättchen von den Stängeln zupfen.

2 Die Buttermilch mit Joghurt, Gurke, Minze, Limettensaft und -schale in einem hohen Rührbecher oder Mixer fein pürieren.

3 Almased® und Öl zum Püree geben und kräftig unterrühren. Den Smoothie in ein Glas geben, mit der Limettenscheibe dekorieren und langsam genießen.

INFO
Das frische Aroma der Minze nimmt den Appetit auf Süßes. Ihre ätherischen Öle regen die Galle an, unterstützen die Verdauung und besänftigen einen nervösen Magen.

GEWÜRZ-LASSI

1 Beutel Chai-Tee (indischer Gewürztee) |
150 g fettarmer Joghurt (1,5 % Fett) | 50 g Almased® | 1 TL Öl | etwas Lebkuchengewürz

Regt den Stoffwechsel an

Für 1 Glas à 400 ml | 5 Min. Zubereitung |
20 Min. Ziehen und Abkühlen
Pro Glas ca. 340 kcal, 32 g EW, 13 g F, 22 g KH

1 Den Teebeutel in eine Tasse hängen und mit
200 ml kochendem Wasser übergießen. Den Tee
ca. 5 Min. ziehen lassen, Beutel entfernen und den
Tee mindestens lauwarm abkühlen lassen.

2 Den Joghurt mit dem Tee, dem Almased®, dem
Öl und 1 Prise Lebkuchengewürz in einen hohen
Rührbecher oder in den Almased®-Shaker geben
und kräftig vermischen. Den Smoothie in ein Glas
geben, mit etwas Lebkuchengewürz bestäuben
und Schluck für Schluck genießen.

INFO
Der indische Gewürztee besteht aus Gewürzen
wie Ingwer, Kardamom, Zimt, Nelken, Muskat
und schwarzem Pfeffer, die allesamt anregend
auf den Körper wirken und so den Stoffwechsel
und die Fettverbrennung unterstützen. Sie finden den Chai-Tee in Drogerien, Bioläden und
gut sortierten Supermärkten.

FRISCHER AVOCADO-DRINK

¼ kleine, reife Avocado | ½ Bund Schnitt-
lauch | 2 EL Zitronensaft | 200 ml fettarme
Milch (1,5 % Fett) | 50 g Almased® | 1 TL Öl |
1 Spritzer Tabasco | schwarzer Pfeffer

Fixer Fitmacher

Für 1 Glas à 300 ml | 5 Min. Zubereitung
Pro Glas ca. 400 kcal, 35 g EW, 18 g F, 23 g KH

1 Das Fruchtfleisch der Avocado aus der Schale
lösen und in Stücke schneiden. Den Schnittlauch
waschen, trocken schütteln und, bis auf einige
Halme zum Dekorieren, in grobe Stücke schneiden.

2 Die Avocado mit Schnittlauch, Zitronensaft und
Milch in einen hohen Rührbecher oder in einen Mixer geben und fein pürieren.

3 Almased® und Öl zum Püree geben und kräftig
unterrühren. Den Smoothie mit etwas Tabasco und
schwarzem Pfeffer abschmecken und in ein Glas
füllen. Mit den übrigen Schnittlauchhalmen dekorieren und langsam genießen.

INFO

Die Avocado liefert hochwertiges ungesättig-
tes Pflanzenfett, das nicht dick, sondern fit
macht. Denn es regt den Stoffwechsel und die
Gehirntätigkeit an und sorgt zusammen mit
dem Vitamin E aus der Avocado für glatte Haut
und glänzende Haare.

PFLAUMEN-ERDNUSS-SMOOTHIE

1 reife Pflaume (50 g) | 1 EL Erdnusscreme | 200 ml ungesüß-
ter Sojadrink | 50 g Almased® | 1 TL Öl | je nach Geschmack
¼ – ½ TL Zimtpulver | 1 Zimtstange und 1 Pflaumenspalte für
die Dekoration

Stabilisiert den Blutzucker

Für 1 Glas à 350 ml | 10 Min. Zubereitung
Pro Glas ca. 380 kcal, 37 g EW, 15 g F, 23 g KH

1 Die Pflaume waschen, trocken reiben, den Stein entfernen
und das Fruchtfleisch in Stücke schneiden.

2 Die Pflaume mit der Erdnusscreme und dem Sojadrink in
einem hohen Rührbecher oder Mixer fein pürieren.

3 Almased®, Öl und Zimt zum Püree geben und kräftig unterrühren. Den Smoothie in ein Glas füllen und mit der Zimtstange
und der Pflaumenspalte dekorieren.

TIPP

Außerhalb der Pflaumensaison können Sie den Smoothie
natürlich auch mit Kirschen, Aprikose, Birne oder Orange
zubereiten. Damit es nicht zu viel Fruchtzucker wird, das
Obst abwiegen und nicht mehr als 50 g verwenden.

GRÜNER POWER-SMOOTHIE

50 g tiefgekühlte Erbsen | 1 Stängel Basilikum |
50 g Seidentofu | 150 ml ungesüßter Sojadrink |
1 TL grünes Pesto (ohne künstliche Zusatz-
stoffe; aus dem Glas) | 50 g Almased® | 1 TL Öl

Würzig

Für 1 Glas à ca. 350 ml | 10 Min. Zubereitung
Pro Glas ca. 360 kcal, 37 g EW, 13 g F, 24 g KH

1 Die Erbsen mit kochendem Wasser übergießen
und ca. 5 Min. auftauen lassen. Inzwischen das Basilikum waschen, trocken schütteln und die Blätter
vom Stängel zupfen. Die Erbsen abgießen.

2 Die Erbsen mit dem Seidentofu, dem Sojadrink,
dem Pesto, dem Basilikum, bis auf 1 – 2 Blätter
zum Dekorieren, und 50 ml Wasser in einem hohen
Rührbecher oder Mixer fein pürieren.

3 Almased® und Öl zum Püree geben und kräftig
unterrühren. Den Smoothie in ein Glas füllen, mit
den übrigen Basilikumblättern dekorieren und
Schluck für Schluck genießen.

MANDEL-BIRNEN-DRINK

½ Birne | 50 g Babyspinat | 200 ml ungesüßter Mandeldrink | 1 TL Mandelbutter (aus dem Bioladen oder Reformhaus) | ausgekratztes Mark von ¼ Vanilleschote oder 1 – 2 Msp. Vanilleextrakt | 50 g Almased® | 1 TL Öl

Gute-Laune-Mischung

Für 1 Glas à 400 ml | 15 Min. Zubereitung
Pro Glas ca. 370 kcal, 31 g EW, 15 g F, 25 g KH

1 Birne waschen, entkernen und klein schneiden. Spinat waschen und trocken schütteln.

2 Die Birne, den Spinat, den Mandeldrink, die Mandelbutter und die Vanille in einen hohen Rührbecher oder einen Mixer geben und fein pürieren.

3 Almased® und Öl zum Püree geben und kräftig unterrühren. Den Smoothie in ein Glas geben.

INFO
In grünem Blattgemüse stecken besonders viele Nähr- und Vitalstoffe wie z. B. Eisen und Chlorophyll. Deshalb ist Spinat so eine beliebte Zutat in gesunden grünen Smoothies. Besonders praktisch ist Babyspinat, den Sie meist bei den Blattsalatmischungen im Kühlregal finden, denn er ist so zart, dass er samt Stiel gut püriert werden kann.

DIE BESONDEREN

Mit Espresso verfeinert, als Eis eingefroren, als fein-fruchtige Quarkspeise zum Löffeln oder exotisch-frisch: Diese Varianten sind genau richtig, wenn Sie mal was ganz anderes möchten oder einen kleinen Diät-Durchhänger überwinden wollen. Denn sie bringen frischen Wind in Ihren Shaker und sorgen dafür, dass erst gar keine Langeweile aufkommt. Wichtig, um bei einer Diät am Ball zu bleiben und nicht die Lust zu verlieren.

KICK-STARTER

1 Tasse (30 ml) starker Espresso (kalt oder lauwarm) oder
1 TL ungesüßtes kalt lösliches Instant-Espressopulver |
200 ml fettarme Milch (1,5 % Fett) | 1–2 TL Kakaopulver |
Mark von ¼ Vanilleschote oder 1–2 Msp. Vanilleextrakt |
50 g Almased® | 1 EL Walnussöl

Perfekt als Frühstück

Für 1 Glas à 300 ml | 5 Min. Zubereitung
Pro Glas ca. 390 kcal, 36 g EW, 15 g F, 27 g KH

1 Den Espresso bzw. das Espressopulver mit der Milch, dem
Kakaopulver und der Vanille in einem hohen Rührbecher oder im
Almased®-Shaker vermischen.

2 Almased® und Öl zur Espresso-Mischung geben und kräftig
unterrühren. Den Smoothie in ein Glas geben und langsam genießen. Im Sommer schmeckt der Smoothie mit Eiswürfeln gekühlt
auch super als Eiskaffee.

TIPP
Wer keinen Kaffee mag, lässt ihn einfach weg und bereitet
den Smoothie nur mit Kakaopulver zu. Auch der Schoko-Kick-
Starter schmeckt köstlich eisgekühlt.

CHIA-ERDBEER-BECHER

Perfekt, wenn Sie sich mal so richtig verwöhnen wollen: Diese köstliche Erdbeer-Quark-
Variante sieht aus wie ein Dessert und schmeckt auch so.

50 g Erdbeeren
150 g Magerquark
50 ml fettarme Milch
2 TL Chiasamen
(5 g; ersatzweise geschrotete
Gold-Leinsamen)
ausgekratztes Mark von
¼ Vanilleschote oder
1 – 2 Msp. Vanilleextrakt
50 g Almased®
1 TL Öl
½ TL knackige Roh-Kakao-
Nibs oder fein geraspelte Zartbitterschokolade für die
Dekoration

Zum Löffeln

Für 1 Portion |
10 Min. Zubereitung
Pro Portion ca. 390 kcal,
49 g EW, 9 g F, 26 g KH

1 Die Erdbeeren waschen, von den Stielansätzen befreien und je nach Größe halbieren oder vierteln.

2 Den Quark mit der Milch, den Chiasamen und der Vanille in eine kleine Schüssel geben und glatt rühren. Almased® und Öl dazugeben und mit einem Schneebesen kräftig unterrühren.

3 Die vorbereiteten Erdbeeren auf der Creme anrichten. Mit den Kakao-Nibs oder der Zartbitterschokolade bestreuen und den Chia-Erdbeer-Becher servieren. Wenn Sie doch lieber etwas zu trinken als zu löffeln wollen, pürieren Sie die vorbereiteten Erdbeeren mit der Quarkmasse sowie 100 ml Mineralwasser und rühren Sie dann Almased® und Öl unter.

INFO

Chiasamen sind richtige kleine Kraftpakete. Nur 1 EL davon liefert Ihnen bereits mehr gesunde Omega-3-Fettsäuren als ein Stück Lachs, mehr Antioxidantien als eine Handvoll Blaubeeren und außerdem noch eine gute Portion Eiweiß und Mineralien wie Kalzium und Eisen. Da die neutral schmeckenden Samen außerdem in Flüssigkeit aufquellen, sättigen sie zusätzlich besonders gut.

MARACUJA-EIS-SMOOTHIE

Diese fruchtige Shake-Variante mit mineralstoffreichem Kokoswasser und exotischen Früchten weckt Urlaubsgefühle! Der Clou dabei sind die aromatischen Maracuja-Eiswürfel.

1 Maracuja
50 g Papaya
50 g Ananas
200 ml ungesüßtes
Kokoswasser
50 g Almased®
1 EL Öl

Exotisch

Für 1 Glas à 400 ml |
15 Min. Zubereitung |
5 Std. Tiefkühlen
Pro Glas ca. 320 kcal,
28 g EW, 12 g F, 24 g KH

1 Die Maracuja halbieren und das Fruchtfleisch mit einem Löffel herauskratzen. Das Fruchtfleisch auf 4 Mulden eines Eiswürfelbehälters verteilen und jeweils mit etwas Wasser auffüllen. Die Eiswürfel mindestens 5 Std. einfrieren.

2 Sobald die Eiswürfel fest sind, die Papaya und die Ananas schälen, putzen und in Stücke schneiden. Die Fruchtstücke mit dem Kokoswasser in einen hohen Rührbecher oder in einen Mixer geben und fein pürieren.

3 Almased® und Öl zum Püree geben und kräftig unterrühren. Den Smoothie in ein Glas füllen. Die Eiswürfel aus dem Eiswürfelbehälter lösen und in den Smoothie geben. Kurz warten, bis die Eiswürfel den Smoothie gekühlt haben und langsam genießen.

TIPP Die Eiswürfel lassen sich prima auf Vorrat zubereiten, sodass Sie sie immer zur Hand haben. Dafür gleich mehrere Maracuja verwenden und einfrieren. Nachdem die Eiswürfel fest sind, können Sie sie aus dem Eiswürfelbehälter lösen und platzsparend in einem Gefrierbeutel wieder einfrieren.

1001-NACHT-SMOOTHIE

1 EL gehackte Pistazienkerne (10 g) | 1 reife frische Feige |
200 ml ungesüßter Mandeldrink | ½ TL Rosenwasser |
50 g Almased® | 1 TL Öl

Orientalisch

Für 1 Glas à 300 ml | 10 Min. Zubereitung
Pro Glas ca. 390 kcal, 31 g EW, 17 g F, 26 g KH

1 Die Pistazienkerne in einer kleinen Pfanne ohne Fett
kurz anrösten, herausnehmen und abkühlen lassen. Die Feige
waschen, trocken tupfen und samt Schale in Stücke schneiden.

2 Die Feige, die Pistazienkerne, bis auf einige zum Dekorieren, den Mandeldrink und das Rosenwasser in einen hohen
Rührbecher oder einen Mixer geben und fein pürieren.

3 Almased® und Öl zum Püree geben und kräftig unterrühren.
Den Shake in ein Glas füllen und mit den übrigen Pistazienkernen bestreuen. Langsam genießen.

TIPP
Wenn Ihnen das blumige Aroma vom Rosenwasser zu viel
ist, können Sie das Rosenwasser einfach weglassen oder
durch Orangenblütenwasser, etwas abgeriebene Orangenschale oder einige Tropfen Bittermandel-Aromaöl ersetzen.

BEEREN-TAHIN-SMOOTHIE

Randvoll mit Vitalstoffen liefert diese Mischung alles, was Sie für einen aktiven Tag brauchen. Das Besondere daran ist das Tahin, das den Drink schön cremig und nussig macht.

50 g Blaubeeren
30 g Babyspinat
1–2 Stängel Basilikum
2 EL helles Tahin (Sesampaste; erhältlich in Bioläden, türkischen oder orientalischen Lebensmittelgeschäften)
50 g Almased®
1 TL Öl
einige geröstete Sesamsamen und Basilikumblättchen für die Dekoration

Power-Mix

Für 1 Glas à 400 ml |
10 Min. Zubereitung
Pro Glas ca. 380 kcal,
33 g EW, 18 g F, 20 g KH

1 Die Blaubeeren waschen, verlesen und trocken tupfen. Den Spinat und das Basilikum waschen und trocken schütteln. Die Basilikumblättchen von den Stängeln zupfen.

2 Die Blaubeeren, den Spinat und das Basilikum mit Tahin und 200 ml Wasser in einen hohen Rührbecher oder einen Mixer geben und fein pürieren.

3 Almased® und Öl zum Püree geben und kräftig unterrühren. Den Smoothie in ein Glas füllen und mit einigen gerösteten Sesamsamen und Basilikumblättchen garnieren.

INFO

Auch wenn es sich am Anfang vielleicht merkwürdig anfühlt: Versuchen Sie auch die flüssigen Smoothies Schluck für Schluck zu »kauen«. Denn das Kauen sorgt dafür, dass Sie den Smoothie langsamer genießen, und das gibt Ihrem Körper die Zeit, die er braucht, um sich satt zu fühlen. Das Sättigungsgefühl tritt nämlich erst nach etwa 20 Minuten ein.

VANILLE-SMOOTHIE-EIS

200 g fettarmer Joghurt (1,5 % Fett) | 1 EL Öl | Mark von
½ Vanilleschote oder Vanilleextrakt | 50 g Almased® |
1 Stück Vanilleschote für die Dekoration

Braucht etwas Vorbereitung

Für 1 Schälchen à ca. 250 ml | 10 Min. Zubereitung |
1 Std. Gefrieren
Pro Portion ca. 370 kcal, 34 g EW, 14 g F, 24 g KH

1 Den Joghurt mit 50 ml Wasser, dem Öl, der Vanille und dem
Almased® in eine kleine Rührschüssel aus Plastik geben und mit
einem Schneebesen alles glatt rühren. Die Masse in der Plastik-
schüssel für ca. 1 Std. ins Gefrierfach stellen.

2 Die Masse aus dem Gefrierfach nehmen, kurz antauen lassen
und so genießen oder in einen hohen Rührbecher oder Mixer
geben und mit dem Pürierstab oder im Mixer einmal durchmixen.
So wird die Masse cremiger, aber auch etwas weicher. Das
Smoothie-Eis in ein Schälchen füllen und sofort genießen.

VARIANTEN

Das Eis können Sie nach Belieben variieren. Für Schoko-
Smoothie-Eis noch 1 – 2 TL Kakaopulver unter die Joghurtmasse rühren. Für eine fruchtige Variante 50 g Blaubeeren
unter die fertig gerührte Masse heben.

SCHOKO-EINHEIZER

Herrlich cremig, schön schokoladig und mit einem tollen Orangenaroma ist dieser Smoothie genau richtig, wenn die Tage wieder etwas kürzer und ungemütlicher werden.

200 ml Mandeldrink
1 EL gemahlene Mandeln
2 EL Orangensaft und etwas abgeriebene Bio-Orangenschale
1–2 TL ungesüßtes Kakaopulver
50 g Almased®
1 TL Öl
1 kräftige Prise Chilipulver
1 spiralförmig abgeschältes Stück Bio-Orangenschale für die Dekoration

Winter-Star

Für 1 Glas à 250 ml |
5 Min. Zubereitung
Pro Glas ca. 380 kcal,
32 g EW, 18 g F, 21 g KH

1 Den Mandeldrink mit den Mandeln, dem Orangensaft, der Orangenschale und dem Kakaopulver in einen hohen Rührbecher oder den Almased®-Shaker geben und gut vermischen.

2 Almased® und Öl zugeben und kräftig unterrühren. Den Smoothie mit Chilipulver abschmecken und in ein Glas füllen. Mit der Orangenspirale dekorieren und Schluck für Schluck genießen.

INFO

Kakao sorgt nicht nur für tolles Aroma, er steckt auch voller gesunder Inhaltsstoffe. Magnesium ist einer davon. Der Mineralstoff versorgt die Muskeln mit Energie und reguliert den Stoffwechsel. Eine gute Portion antioxidative Flavonoide schützen den Körper vor schädlichen Einflüssen und frühzeitiger Alterung. Besonders hochwertig ist roher Kakao, der zu den Superfoods zählt und den Sie in Bioläden, Reformhäusern oder im Internet bekommen können. Ganz normaler Backkakao eignet sich aber ebenso gut und ist eine gut erhältliche und preiswerte Alternative. Verzichten sollten Sie dagegen auf alle gesüßten Kakaoprodukte. Denn mit ihrem hohen Zuckeranteil können sie Heißhunger auslösen und Ihre Fettverbrennung blockieren.

REFRESHER

1 walnussgroßes Stück Ingwer | 4 Stängel Minze | 2 EL Limettensaft | 100 ml ungesüßte fettarme Kokosmilch | 50 g Almased® | 1 Prise Kurkumapulver | 1 TL Öl | 3 – 4 zerstoßene rosa Pfefferbeeren für die Dekoration

Wachmacher

Für 1 Glas à 250 ml | 10 Min. Zubereitung
Pro Glas ca. 350 kcal, 28 g EW, 18 g F, 17 g KH

1 Den Ingwer schälen und mit einer sehr feinen Reibe reiben. Wenn Sie keine feine Reibe haben, können Sie den Ingwer auch in sehr kleine Würfel schneiden und anschließend möglichst klein hacken. Die Minze waschen, trocken schütteln und die Blättchen von den Stängeln zupfen.

2 Den Ingwer und die Minze mit Limettensaft, Kokosmilch und 100 ml Wasser in einen hohen Rührbecher oder einen Mixer geben und fein pürieren. Almased®, Kurkuma und Öl zum Püree geben und kräftig unterrühren. Den Smoothie in ein Glas füllen und mit den rosa Pfefferbeeren bestreuen. Langsam genießen.

INFO
Ingwer ist mit seinen Scharfstoffen ein super Fettkiller. Denn diese ätherischen Öle heizen dem Stoffwechsel ein und bringen die Verdauung in Schwung.

ZEHN RICHTIGE FÜRS AROMA

Egal ob süß oder herzhaft: Mit diesen Geschmacksgebern peppen Sie Ihren Diätsmoothie blitzschnell figurfreundlich auf und bringen jede Menge Abwechslung in den Shaker.

GEWÜRZE

Null Kalorien und jede Menge Aroma machen sie zum Star in den Shakes. Für süßlich-fruchtige Varianten bietet sich Vanille an, frisch aus der Schote oder in Form von natürlichem Extrakt, und Zimt, der ausgleichend auf den Blutzuckerspiegel wirkt. Frischer Ingwer eignet sich mit seiner zitronig-frischen Schärfe sowohl für fruchtig-süße Varianten als auch für herzhaft-grüne. Für pikant-herzhafte Shakes können Sie fast alle Gewürze aus Ihrem Küchenschrank nutzen: etwas

Vanille

Pfeffer, Chili- oder scharfes Paprikapulver, wenn Sie es scharf mögen, und für Asia-Aroma eine gute Prise Koriander, Kardamom, Curry oder Kurkuma.

KAKAOPULVER

Lust auf Schokolade? Dann ist Kakaopulver die richtige Wahl. Es passt besonders gut in fruchtige und cremige Smoothie-Varianten und lässt sich gut mit Zimt, Vanille oder auch Kaffee kombinieren. Achten Sie unbedingt auf ungesüßte Produkte.

KOKOSMILCH

Sie macht Smoothies herrlich cremig und verleiht ihnen ein exotisches Aroma. Greifen Sie zur ungesüßten und fettreduzierten Variante, um Ihren Abnehmerfolg nicht zu blockieren. Sie macht herzhafte Smoothies mit viel Gemüse sanfter und fruchtige Smoothies cremig.

KRÄUTER

Sie bringen ganz kalorienfrei jede Menge Power ins Glas und kurbeln zusätzlich den Stoff-

Kokosmilch

wechsel und die Fettverbrennung an. Schön frisch ist Minze, die zu exotisch-fruchtigen, aber auch zu frisch-grünen Smoothies passt. Koriander sorgt vor allem bei asiatisch angehauchten Rezepten für den letzten Schliff. Petersilie wirkt extra-entwässernd und verleiht Herzhaft-Pikantem ein tolles Aroma, Schnittlauch harmoniert mit herzhaft-cremigen Smoothies.

MACA

Die Knolle des peruanischen Kressegewächses war bereits

Minze

bei den Inkas weithin als potenz- und libidosteigerndes Mittel bekannt. Maca senkt den Cholesterinspiegel und beeinflusst die Verdauung positiv. Auf der psychischen Ebene lindert Maca Depressionen und Angstzustände. Auch wird ihm eine positive Wirkung bei Fruchtbarkeitsstörungen nachgesagt. Mit dem im Handel erhältlichen Pulver können Sie je nach Bedarf Ihren Smoothie anreichern.

NÜSSE UND CO

Nüsse, Mandeln, Kerne wie Kürbis- oder Pinienkerne oder Samen wie z. B. Sesamsamen bringen viel Geschmack, gutes Fett, aber auch einiges an Kalorien in die Getränke. Deshalb sollten Sie sie sparsam dosieren – pro Shake reichen 1 – 2 TL – und entsprechend die Ölmenge im Rezept etwas reduzieren. Kurz anrösten, damit sie noch mehr Aroma entfalten, und dann untermixen oder für etwas Biss grob gehackt auf den fertigen Shake streuen.

ÖLE UND AROMAÖL

Ein Löffelchen hochwertiges Öl kommt in jeden Smoothie. Mit Nussölen wie Wal- oder Haselnussöl oder Leinöl bringen Sie damit auch noch Aroma ins Glas. Wenige Tropfen reichen bei Aromaölen wie Orangen-, Zitronen- oder Bittermandelöl für ein tolles Geschmackserlebnis.

SUPERFOODS

Exotische Zutaten wie Chiasamen, Gojibeeren oder Lucuma bringen nicht nur Aroma, sondern vor allem auch jede Menge Nährstoffe in Ihren Shake. Denn Sie sind »super«, weil sie besonders viel von Gesundem wie z. B. Antioxidantien enthalten. Chiasamen schmecken leicht nussig und dicken den Shake zudem an. Gojibeeren sorgen für ein herb-süßes Aroma, und Lucuma süßt ganz natürlich, ohne den Blutzuckerspiegel zu beeinflussen. Sie finden die »Superstars« im Bioladen oder Reformhaus.

WÜRZPASTEN

In Pasten wie Pesto, Ajvar, Thai-Currypaste, Tahin oder Meerrettich aus dem Glas steckt viel Aroma. Deshalb reicht bereits eine kleine Menge, um herzhaften Getränken eine neue Geschmacksrichtung zu geben. Achten Sie auf möglichst naturbelassene Mischungen und reduzieren Sie bei ölhaltigen Pasten wie z. B. Pesto die Ölzugabe im Shake entsprechend.

ZITRUSAROMA

Für herrlich frische Smoothies etwas Zitronen-, Limetten- oder Orangensaft zugeben. Von Letzterem allerdings nicht mehr als 1 – 2 EL, sonst wird es zu viel Fruchtzucker. Noch mehr Aroma bringen etwas fein abgeriebene Schale von Bio-Zitrusfrüchten oder etwas Orangenblütenwasser, das Sie in türkischen Lebensmittelgeschäften finden.

Chiasamen

REZEPTREGISTER

Damit Sie Rezepte mit bestimmten Zutaten noch schneller finden, sind in diesem Register auch beliebte Zutaten wie **Birne** und **Spinat** alphabetisch eingeordnet und hervorgehoben. Darunter finden Sie die Rezepte Ihrer Wahl.

Projektleitung:
Stefanie Poziombka
Lektorat: Cora Wetzstein
Korrektorat: A. Schmidt-Thomé
Innen- und Umschlaggestaltung: independent Medien-Design, Horst Moser, München
Illustrationen: Ela Strickert
Herstellung: Martina Koralewska
Satz: Kösel, Krugzell
Reproduktion: Medienprinzen; München
Druck und Bindung:
Schreckhase, Spangenberg
Printed in Germany

1. Auflage 2015
ISBN 978-3-8338-4893-3

 www.facebook.com/gu.verlag

Die GU-Homepage finden Sie unter www.gu.de

GRÄFE
UND
UNZER

Ein Unternehmen der
GANSKE VERLAGSGRUPPE

Die Autorinnen

Nina Schuhmacher ist Diplom-Ökotrophologin und hat viele Jahre Diäten für namhafte Frauenzeitschriften entwickelt. Heute arbeitet sie freiberuflich als Redakteurin und Autorin. Ihr Motto: Erfolgreich und dauerhaft Abnehmen gelingt nur, wenn der Genuss nicht zu kurz kommt.

Anna Rosenberg ist freie Autorin für Gesundheitsthemen und Kulinaria. Wissen leicht verständlich und einprägsam zu vermitteln ist ihr ein Anliegen und eine Herausforderung, der sie sich immer wieder gerne stellt.

Der Fotograf

Wolfgang Schardt hegt eine Leidenschaft für gutes Essen und hat ein Händchen dafür, jedes Gericht im besten Licht zu präsentieren. Zusammen mit **Roland Geiselmann** (Foodstyling) und **Janet Hesse** (Assistenz) entstanden diese Bilder.

In Kooperation mit **Almased**® Wellness GmbH, www.almased.de **Almased**® ist keine Marke des Gräfe und Unzer Verlags

Titelrezepte

Green Power (S. 61) und Blaue Stunde (S. 47)

Liebe Leserin, lieber Leser,

haben wir Ihre Erwartungen erfüllt? Sind Sie mit diesem Buch zufrieden? Haben Sie weitere Fragen zu diesem Thema? Wir freuen uns auf Ihre Rückmeldung, auf Lob, Kritik und Anregungen, damit wir für Sie immer besser werden können.

GRÄFE UND UNZER Verlag
Leserservice
Postfach 86 03 13
81630 München
E-Mail:
leserservice@graefe-und-unzer.de

Telefon: 00800 / 72 37 33 33*
Telefax: 00800 / 50 12 05 44*
Mo–Do: 8.00–18.00 Uhr
Fr: 8.00–16.00 Uhr
(* gebührenfrei in D, A, CH)

Ihr GRÄFE UND UNZER Verlag
Der erste Ratgeberverlag – seit 1722.

Bildnachweis

Jalag Syndication: S. 6; alle anderen Fotos: Wolfgang Schardt, Hamburg
Syndication:
www.jalag-syndication.de

Umwelthinweis:

Dieses Buch ist auf PEFC-zertifiziertem Papier aus nachhaltiger Waldwirtschaft gedruckt.

SO LEICHT GEHT'S

Herzlichen Glückwunsch! Sie haben den ersten Schritt getan und sich entschlossen, Ihre Ernährung umzustellen. Diese Entscheidung soll Ihnen Freude und Genuss bringen und Ihren Alltag nicht belasten. Wenn Sie bisher nicht zu den täglichen Smoothie-Genießern gezählt haben, haben wir für Sie ein paar hilfreiche Tipps. Und Sie werden sehen: Unsere Smoothies gehören bald ganz selbstverständlich zu Ihrem Tagesplan, denn sie sind schnell aus leicht erhältlichen Zutaten zubereitet.